湖北省社科基金项目"国际投资协定中的劳工权保护及C
实践与对策"（2015133）的最终成果
国家社科基金重大项目"外商投资负面清单管理模式与我国外资法律制度
重构研究"（14ZDC033）阶段性成果

外资法律制度研究丛书

国际投资协定中的
劳工权保护问题研究

• • • • • • • • • • • • • • • • • 　孙玉凤　著

WUHAN UNIVERSITY PRESS
武汉大学出版社

图书在版编目(CIP)数据

国际投资协定中的劳工权保护问题研究/孙玉凤著.—武汉：武汉大学出版社,2020.5(2022.4重印)
外资法律制度研究丛书
ISBN 978-7-307-15487-2

Ⅰ.国… Ⅱ.孙… Ⅲ.国际投资—经济协定—研究 Ⅳ.D996.4

中国版本图书馆 CIP 数据核字(2019)第 292431 号

责任编辑:胡 荣 责任校对:汪欣怡 版式设计:马 佳

出版发行：**武汉大学出版社** （430072 武昌 珞珈山）
（电子邮箱：cbs22@ whu.edu.cn 网址：www.wdp.com.cn）
印刷：武汉邮科印务有限公司
开本：720×1000 1/16 印张：9.5 字数：135千字 插页：1
版次：2020 年 5 月第 1 版 2022 年 4 月第 2 次印刷
ISBN 978-7-307-15487-2 定价：30.00 元

总　序

　　《外资法律制度研究丛书》是"十三五"国家重点图书。该丛书计划对晚近以来国际投资法领域的热点理论与实践问题予以探讨。

　　随着经济全球化的发展，私人海外直接投资日益剧增，对其进行规范的国内法制和国际法制也得到迅猛发展。外国直接投资活动因其存在于东道国境内，加之时间较长、与东道国的经济联系紧密等因素，可能会对东道国的国家安全、产业发展、环境、劳工、司法、行政、公众生活与公共健康等各领域产生广泛的影响。而此类影响既有可能是积极的，即可以为东道国带来资金、技术与管理经验，但也可能是诸如干涉东道国内政、产生垄断、转移定价、破坏环境等消极影响。

　　外国投资法律制度涉及的外国人待遇、外交保护以及侵害外国人而引发的国家责任等问题，在国际法中一直争议较大，未曾形成如同贸易领域的较为统一的国际法律制度。直到 20 世纪 80 年代，发展中国家出于引进外资发展本国经济的需求，逐渐转变了对外国投资的态度，纷纷制定外资法以及缔结双边投资协定（BITs），加之双边投资协定所规定的投资者与东道国争端解决机制（ISDS 机制）逐渐得到认可并受到外国投资者的重视，从此真正开启了"BIT 时代"。基于此，关于外国投资的国际法律制度才逐渐丰富起来。其后，数以千计的双边投资协定以及数以百计的仲裁裁决不断涌现不仅使国际投资领域变得更加"规则化"，而且也为国际投资法理论的形成与变化提供了丰富素材。

　　在全球化深入发展、全球价值链生产体系逐渐形成的背景下，国际投资与贸易之间的关系愈发紧密，不再只是简单的替代关系，而是相互补充的复杂关系。这致使将国际投资规制与国际贸易规则规定在一处的综合性自由贸易协定数量不断增多，实际上这也是投资条约区域化甚至全球化的推动因素。晚近以来的几次全球性经济危机的爆发导致新自由主义政策在外国投资法律制度失去了主导地位，国际社会予以了深刻地反思并引入其他相关理论来指导国际投资法的发展，如嵌入式自由主义、全球行政法、可持续发展理论等。近期的反思成果已有所显现，这就是 UNCTAD 倡导的新一代投资政策正在逐渐形成中。这种政策的一个核心要素就是可持续发展，其对外国投资法律制度所提出的一个基本命题就是外国投资者的私人利益与东道国的公共利益要达致一种平衡。这种平衡实质上就是要求在外国投资法律制度中既要考虑如何吸引与保护外国直接投资，也要考虑如何消除外资对东道国发展的不良影响。反映到国际投资协定的实践中，近期的表现主要体现于不同国家的双边投资条约的范本或者已签订的国际投资协定在条款上出现了"加加减减"，如增加一般例外条款、劳工环境人权条款、东道国规制权条款等，又如一些条约中摒弃最惠国待遇条款、保护伞条款、ISDS 机制等。这些条款的"加加减减"以及对 ISDS 机制的改革或存废的争论，其目的均在于期望能够减少国际投资条约对东道国政府合理治理国家的权力与能力的"干扰"与束缚，也希望能够约束外国投资者"滥用"国际投资条约肆意提起投资争端的能力，使得东道国的公共利益与投资者的私人利益趋向平衡发展。所有这些都将会深刻地影响调整外国投资的国际、国内法律规则的发展。

我国目前正在制定一部新的促进与保护外资的《外国投资法》以取代"外资三法"。这部新法旨在为外资创建一个更加开放、自由以及公平的市场环境。其中最重大的变化就是实施外商投资准入的负面清单管理模式。这种模式将会对我国的外国投资法律制度产生重大影响。同时，这也对我国管理外国投资的能力以及实施包括外资法在内的市场经济法律体系的能力提出了极大挑战。随着国内外资立法确立外商投资负面清单管理模式，我国会逐渐在新一代国际投资协定中将国民待遇延伸至投资准入前，从而在投资自由化方面迈出重要一步。

2

　　本丛书将从调整外资的国际、国内法律制度两个层面，探讨处于变革时代的国际投资法制中的重要理论以及新兴实践，并对转型中的国际投资法律体系予以积极回应，以期丰富我国外资法律制度的理论研究，对我国的相关实践提供帮助。

张庆麟

2017 年 12 月 6 日

序　言

　　国际投资法和国际人权法在其历史发展过程中基本上处于一种彼此独立的状态。20 世纪 80 年代以前，国际投资规制和劳工之间并没有建立法律上的联系。无论在单边、双边层面，还是在区域投资协定中，少有考虑把劳工和投资联系起来予以法律规制。80 年代以后，随着全球范围内国际投资的迅速增长，其前所未有地冲击着包括劳工政策在内的国家公共政策能力。国际投资协定晚近的发展特点表明，各国在促进国际投资自由化和全球化发展的同时，也越来越注重可持续发展问题，保护劳工权、强调企业的社会责任也是联合国贸发会议提出的可持续发展投资政策框架中的政策建议。为国家公共政策监管留有一定空间，保护劳工者权益，降低投资诉讼的风险、制定可持续发展型 BIT 范本成为新一代投资协定的新议题。改革国际投资仲裁机制的程序规则，在实践中逐步推动和接纳投资人本化的理念与原则，既要注重保护投资者的利益，又要考虑国家保护劳工权等公共政策主权的行使，在投资者利益保护与劳工权保护之间保持一定的利益平衡，以促进国际投资的可持续发展。

　　该书是作者孙玉凤在其博士论文基础上修订而成的。该书较为系统地阐述了劳工权保护的理论，对国际投资协定中纳入劳工权保护的必要性以及国际投资协定中劳工权保护现状与缺陷进行了详尽的梳理，又分别从国际投资协定的实体法条款的修订、国际投资仲裁庭的改革两大方面入手，对如何加强劳工权保护进行了深入分析与探讨，探究了投资者利益保护与劳工权保护之间的内在联系。作者对国际投资协定的修订以及国际投资仲裁程序规则的改革中如何保护劳工权进行了有益的探索，尽管还不够成熟，但是却难能可贵。

作为她的博士生导师，我很高兴看到这一富有创新性的成果出版，并作为我主持的国家社科基金重大项目的阶段性成果。相信本书对我国积极参与国际投资规则重构，推进国际投资协定的可持续发展具有一定的参考价值。

张庆麟

2019 年 10 月

目　　录

引　言

20 世纪 90 年代中后期，在贸易自由化运动之后，世界范围内又出现了投资自由化和一体化的经济浪潮，国际投资自由化推动世界经济进入一个新的发展水平，给各国的经济发展带来了机遇和挑战。发展中国家试图借助投资自由化的平台，促进自己本国经济的迅速增长。于是，各国政府在立法上放松了对外商投资的管制，转而强化对外资的保护，以促进投资自由化，以跨国公司为代表的全球自由投资体系逐渐形成。投资的自由化与便利化为投资资金的全球性流动提供了便利条件，促使国际直接投资总额增长迅速。据统计，1990 年之前，每年全球国际直接投资总额还不到 2 千亿美元，之后每年的投资总额逐年增长。2017 年受国家投资保护主义的影响，跨境并购大幅下降，投资总额有所下降，但仍保持在较高水平，2017 年全球外国直接投资（FDI）为 1.43 万亿美元。

为了进一步促进和保护国际投资，推进国际投资的自由化以及规范化发展，国际社会一直致力于制定和签署各种各样的国际投资条约与协定，目前的国际投资协定主要有三种，即双边投资协定、区域投资协定和多边投资协定。由于这三种国际投资协定的产生背景不同，制定目的不同，因而三者在规范各国的投资行为的作用上也不同。自 1959 年世界上第一个双边投资条约签订以来，BIT 不断发展，成为国际投资协定的主要力量。目前，在世界范围内缺乏专门的多边投资协定，在此情况下，区域性投资规则也成为除了双边投资协定之外的对国际投资进行规范的重要的国际投资规则，在国际投资法中占有重要地位。《2018 年世界投资报告》显示，截至2017 年末，国际投资协定共有 3322 项协定，其中包括 2946 项双边投资条约和 376 项"其他国际投资协定"。就数量而言，双边协定仍在国际投资决策中占据主导地位。投资者与东道国之间的投资争议案件大量增加，并呈逐渐上升趋势，投资协定仲裁案件截至2017年底已达855件，仅2017年内就有65件，国际投资协定对国际投资活动产生了很大影响。

在过去的二三十年期间，在国际投资协定的保障下，全球经济的自由化和一体化深入发展，不仅促进了国际贸易与投资的迅速增长，而且也促使国际经济法领域发生了巨大演变，经济全球化所带来的负面影响日益成为人们关注的焦点。一方面，随着投资壁垒的减少，劳工权益正在遭受着前所未有的侵蚀。一些跨国公司甚至包括一些著名的跨国公司，爆发出一些丑闻，如侵犯人权、践踏劳工权利，等等。从国内法的层面角度看，国内法对跨国公司的规制已暴露出明显的不足。另一方面，由于发达国家较高的劳工保护要求以及国内社会责任运动的推动，跨国公司趋利避害地将不符合要求的资本投入发展中国家已经成为众所周知的秘密，从而弱化了东道国在劳工权利保护上的努力，尽管各国法律禁止制造商要求工人延长工作时间、在最低工资以下支付报酬或者要求工人同意在其加入工会时被解雇，但是全球化削弱了国内政府有效规制劳动条件等的权力，影响了国内政府选择适合国内的社会政策，从而导致了国家之间劳工保护水平的竞争。发展中国家以更低的工资作为引进国外投资的比较优势，从而导致一些发展中国家工资水平的持续降低。为了及时应对伴随着经济全球化产生的各种社会问题，国际法人本化的理念应运而生，对人权、环保、公共健康等公共利益领域问题的关注日益加强；另外，从尊重人权的角度出发，关于人的基本价值如生命健康权、劳工权的关注日益得到现代国际法的尊崇，与可持续发展相关的理念和原则开始在国际经济法领域受到重视。

20世纪80年代以前的投资协定中，少有考虑把劳工和投资联系起来予以法律规制。80年代后，利用发展中国家普遍出现债务危机、难以吸收外来资本以及经济全球化初露端倪等情势，以美国为首的一些发达国家开始推行自由化性质的投资条约谈判策略，将准入自由化、消除履行要求、提高投资待遇、强化争端解决机制作为目标。但是，晚近以来，因东道国有关保护公共利益的管制性行为引发的国际投资争端的大量增加以及国际投资仲裁实践中忽视公共利益保护问题现象的频发，凸显了现行 BIT 机制对公共利益保护之不足及保护公共利益问题的重要性和迫切性。全球范围内国际投资的迅速增长影响和冲击着国家更多的公共政策能力，当然也包括各国的劳工政策，国际投资和劳工权利之间开始建立法律联系，国际投资规则与劳动者权益保护之间的关系也开始引起一些学者的重视。国际投资协定晚近的发展特点表明，各国在促进国际投资自由化和全球化发展的同时，也越来越注重可持续发展问题，保护劳工权、强调有关企业的社会责任也是联合国贸发会议提出的可持续发展投资政策框架中的政策建议。因此，作为对国际投资有着规范、指引、约束作用的国际投资协定也应顺应国际法的发展趋势，在促进世界经济增长的同时，更应关注对人权的尊重，更加注重对劳工权益的保护，最终保障法律的最高价值——人的自由的实现。

第一章　劳工权的保护

第一节　劳工权与核心劳工标准

一、劳工权的内涵与发展历史

劳工权又称劳工权利或工人权利。现代劳动关系是指在法律规范调整的作用下所形成的，劳动者在劳动的过程中所享有的劳动权利以及所履行的劳动义务。劳动者在劳动关系中所享有的权利，就是劳动者的权益。[①] 具体到劳工权的含义，有广义和狭义两种：狭义上的劳工权，是指具有劳动能力的公民参加社会劳动并获取劳动报酬的权利；广义上的劳工权，则泛指所有的与劳动者因劳动而产生的各项权利，包括劳动就业权、取得劳动报酬权，休息休假权、劳动保护权、职业培训权、集体谈判权、物质帮助权等。劳工权利是一个历史和发展的概念，在不同历史时期，不同的背景条件下，劳工权利的内涵有所不同。根据有关资料显示，国际社会关于劳工权益保护问题的讨论，可以追溯到至少 150 多年以前。早期的劳工权益的国际保护，是与国际贸易联系在一起的。19 世纪前半期，为了在国际贸易中取得竞争优势，增强其国际竞争力，有些国家的企业在生产过程中使用童工或延长劳工的工作时间，对劳工保护带来了不利影响，[②] 因此主张国际劳工立法，使各国共同遵守，以消

---

① 林燕玲著：《国际劳工标准》，中国工人出版社 2002 年版，第 1 页。

② 周国银、张少标编著：《SA8000：2001　社会责任国际标准实施指南》，海天出版社 2002 年版，第 16 页。

除国际竞争给劳工劳动状况造成的不良影响。为了避免这种影响，从 19 世纪后期开始，主要的工业国家对此进行反复的国际磋商，但并没有多大进展。国家之间激烈的贸易竞争与劳工权益保护要求之间的矛盾，愈演愈烈。①

在第一次世界大战结束之后的和平会议上，由于与会者对"各国为了提高自身的竞争地位，采取支付工人低微的薪水以及象征性的保护方式，给社会带来了不安定因素"② 的统一认识，使劳工问题成为当时首批处理的国际问题之一，国际劳工组织（ILO）也因之于 1919 年作为《凡尔赛和约》的一部分而诞生了。当初和约各方秉承了这样一种理念：只有建立在社会正义的基础之上，广泛而持续的和平才能实现。基于这种理念，和约各方成立了 ILO 并设计了《ILO 章程》，其核心宗旨就是：推广人道的工作条件，与不公正、苦难和贫困作斗争。

ILO 成立还有一个十分重要的国际背景：1917 年俄国"十月革命"后成立了世界上第一个无产阶级政权——苏联。工人阶级在人类历史上第一次成为国家的领导阶级，这给欧洲的资本主义政权造成了巨大恐慌，迫使他们不得不在维护资产阶级统治的前提下考虑所谓的"工人权利"，作为维护政权稳固的工具，连西方学者都承认，1919 年公约是"西方对工人阶级（作出的）反应"，这样特殊的历史背景决定了 ILO 不可能在维护工人权益方面有真正的大作为。直到 1929 年资本主义经济危机结束后的 1934 年美国才宣布加入 ILO，这从一个侧面说明，美国根本就没有把 ILO 当成一个重要的国际组织。随后，第二次世界大战爆发，德、意、日法西斯的暴行对人类的生存权造成了严重践踏，更不用说什么维护和推广

---

①　李雪平著：《多边贸易自由化与国际劳工权益保护——法律与政策分析》，武汉大学出版社 2007 年版，第 1 页。

②　Lee Swepston：International Labor Standards：Crucial to China's Development，载《中国—北欧"国际劳工标准与工人权利"和"商业与人权"学术会议论文汇编》2002 年 10 月，第 16 页。

工人的劳动权了。①

1944年，第二次世界大战结束前夕，ILO在美国费城召开会议，通过了著名的《费城宣言》，提出了"劳动不是商品"的新理念，倡导在"任何地方的贫困均构成对任何地方繁荣的威胁"的理念指导下建立劳动者经济方面的权利。1946年，ILO成为新成立的联合国第一批专门机构，并于1969年获得诺贝尔和平奖。由于战后国际人权法迅猛发展，ILO为了加强对人权的保护，积极寻求与联合国的合作，并将与劳工权有关的方面的执行情况报告进行上交。② 尽管如此，冷战时期，国际社会对劳工权益保护问题的关注和重视程度严重"滑落"。在当时的国际政治和经济背景下，劳工权益保护问题基本上分属于两大阵营：共产主义阵营和自由主义阵营。在这一时期，包括劳工权益保护在内的人权保护大多都被当做国际政治武器，作为劳工阶层组织的工会之间也常常相互进行攻击和诋毁。甚至，从一定程度上说，当时美国主要工会的活动实际上是美国外交政策的延伸。③

1990年，随着苏联的解体、东西方冷战结束，国际形势发生重大变化，经济全球化进程加快，东西方之间政治、军事障碍的消除为国际贸易的发展扫除了障碍，国际社会的关注焦点转变为经济发展，冷战时期错综复杂的国际政治、军事斗争被国家间的经济、贸易竞争所取代，国际关系呈现出新的特点。中国、印度等新兴国家的经济发展迅速，国际竞争力大大增强，这些新兴国家灵活的吸引外资政策，特别是与发达国家相比低廉的劳动力、生产资料成本成为它们吸引国际资本的巨大优势，大量国际资本纷纷涌向这些国家，其生产出来的商品对发达国家的同类商品产生了冲击，在国际市场上获得了竞争优势。对此，发达国家和地区特别是美国的劳工

① 刘敬东著：《人权与WTO法律制度》，社会科学文献出版社2010年版，第8~9页。

② 刘敬东著：《人权与WTO法律制度》，社会科学文献出版社2010年版，第9页。

③ 李雪平著：《多边贸易自由化与国际劳工权益保护——法律与政策分析》，武汉大学出版社2007年版，第3页。

组织、工会等产生不满，开始推动国家、政府和议会把原本属于国内事务的劳动权推向国际关系领域，促使其与国际法规则相融合，强烈要求政府把劳动权作为对一些国家实施贸易制裁的理由。[1] 一方面，发达国家认为存在劳动力倾销，从而存在着不公平竞争，要求制定和遵守统一的劳工标准，并能够在多边贸易体制中得以遵守，而随着 WTO 的快速推进，多边贸易自由化对世界经济的发展产生的影响越来越大，不同利益集团对贸易与劳工权益保护问题表示了共同关注；另一方面，国际劳工组织也一再强调，如果一个国家不从人道主义出发改善本国劳工的工作条件，也会影响其他国家改善劳工条件。因此，在多边贸易自由化中保护劳工权益，从而减少其遭受侵害的风险和程度，成为摆在国际社会面前的现实问题。

在国际投资法领域，席卷全球的经济全球化，在促进国际投资迅猛增长的同时，也对国际经济法的发展演变产生了深远的影响。现代国际法开始关注经济全球化的负面影响，国际社会越来越关注涉及环保、人权、公共健康等领域的公共利益问题。近年来，可持续发展理念日益受到国际法学家们的重视，人权法关注的生命健康权、劳工权等开始在国际经济法领域受到重视。国际投资与劳工权保护也成为学者们日益关注的问题之一。

二、核心劳工标准

（一）劳工标准的概念

"劳工标准"（labor standards），又称"国际劳工标准"，它是国际劳工组织为统一劳工的内涵而制定。一般地讲，二者之间没有区别，在国外的文献中这两个词也经常被混用。在西方的文献中，关于"劳工标准"的称谓很多，诸如"人权社会标准""核心劳工标准"，有的把它与社会联系起来，称作"社会进步条款""人权—社会条款"；更有称谓把它与贸易联系在一起，显示了它与经济的深厚渊源，如"贸易—劳工标准""贸易—社会条款""贸

---

[1]　刘敬东著：《人权与 WTO 法律制度》，社会科学文献出版社 2010 年版，第 9 页。

易—社会联系""贸易—劳工标准联系"等。但是，何为"劳工标准"，并无确切的定义，这也说明了劳工权的发展与社会的经济和法律有着密切的联系，故说法不统一。但是值得关注的是，无论如何称呼，劳工标准所涉及的内容主要包括经济效益与道德标准两个方面。经济效益方面包括社会福利待遇标准，如规定工人的最低工资待遇标准、给予工人基本生活待遇标准、对工人的合理收入予以保障，这些权利与贸易效益相关，被称作经济方面的权利；道德标准方面的权利包括：劳动者的人格尊严应受到尊重，如禁止强迫劳动，禁止劳动歧视，不得对不同种族、宗教信仰、不同肤色实行就业歧视，实行男女同工同酬，劳动者享有结社自由权、集体谈判权、罢工权等，要保障工人的工作条件符合标准、工作环境安全健康，规定了劳工的最低年龄标准、不得强迫童工劳动或禁止使用童工等。① 上述内容也涉及劳工有关人权方面的问题。

（二）核心劳工标准的内涵

实际上，因为存在着种种原因，在各国之间建立统一的劳工权标准是个难题，因为各国在社会发展程度、经济利益方面存在着不同，这种差异在发达国家和发展中国家之间体现得尤为明显，各国劳工权利标准本身就存在着差别，而劳动权的实现很大程度上与各国的经济发展水平有着直接的关系，因此想在短时间内在两大阵营中制定一个国际公认的劳工权标准是不现实的，具体核心劳工权的内容也难以统一标准。即便如此，为了在全球范围内普遍适用统一的劳工标准，人们还是努力致力于"核心劳工标准"的概念统一，并最终达成共识。1996 年经合组织在其出版的《贸易、就业和劳工标准》一书中对核心劳工标准的概念进行了规定，这也是世界上第一次对此概念做详细的讲述。根据 OECD 的解释，核心劳工标准主要包括以下方面②：废除强迫劳动，禁止就业歧视，禁止剥

---

① 薛荣久著：《中国加入 WTO 纵论》，对外经济贸易大学出版社 2001 年版，第 68 页。

② 佘云霞著：《国际劳工标准：演变与争议》，社会科学文献出版社 2006 年版，第 30 页。

削童工，劳工享有结社自由、组织和集体谈判权。以上内容有着较早的历史渊源，早在联合国相关条约中就对这些核心劳工标准有所涉及，国际劳工组织在 1995 年也曾就核心劳工标准达成共识，在此基础上形成了七个公约。此后，1998 年，国际劳工大会通过了《国际劳工组织关于工作中基本原则和权利宣言及其后续措施》，该文件还将核心劳工标准称为"工人的基本权利"（workers' fundamental rights），并将其归结为四个方面的内容：废除强迫劳动，禁止就业歧视、实行同工同酬，禁止剥削童工，劳工享有结社自由、组织和集体谈判权①。在国际劳工组织 1995 年通过的七项国际劳工公约以及 1999 年通过的 182 号公约中，都可以看到关于这四项基本劳动权利的叙述。

（三）核心劳工标准对劳工权保护的影响

上述内容，在国际法层面上构成了"国际劳工标准"的核心内涵。核心劳工权利对劳工权保护的影响既有静态的效果，也带来了动态的效果，并因此在世界范围内得以普遍承认，它所具有的两个重要特点很快得到了国际社会广泛支持：一是要以人道的方式对待劳工，尊重劳工的人格是核心劳工权利的普遍原则；二是核心劳工标准的内容着眼于改善工人的状况。② 上述四个最基本的准则，使国际劳工标准制定的十大目标得到了进一步明确：提高工人的生活标准并保障充分就业；制定能保障工人生活的最低标准工资制度，保障不延长劳工工作时间，保障给予劳工符合基本安全要求的工作条件，保证职工能享受公平的工资待遇以及合理的工资收入；为工人提供培训的机会、保证工人方便地异地就业和迁移；要使受雇工人最充分发挥其技能和专长、安排职工在适合的岗位努力工作；保障职工享有集体谈判权；为工人提供工作条件以保证其安全健康，扩大社会保障措施为职工提供充足的营养；为职工提供生育

---

① 国际劳工局编著：《国际劳工组织关于工作中基本原则和权利宣言及其后续措施》（导言），国际劳工局北京局，1998 年中文版。

② 佘云霞著：《国际劳工标准：演变与争议》，社会科学文献出版社 2006 年版，第 31 页。

保障；为儿童提供相应的优惠待遇；保证职工享受住宅和娱乐文化设施；保证职工的受教育和就业机会均等。① 国际劳工标准的确立对劳工权益保护带来了积极作用，同时对于进一步在世界范围内推动劳工标准的规范化起到了决定性的作用。

三、劳工权的国际立法保护

在公民各项权利中，劳工权占据重要地位。它是劳动者赖以生存的权利，也是行使其他民主权利的基础。对于劳工权的规定，在世界主要的人权公约以及国际劳工组织的文件中都可以看到，如《世界人权宣言》《经济、社会和文化权利国际公约》《公民权利和政治权利国际公约》，这些规定相互补充，为劳工权保护提供了法律保障。

（一）《世界人权宣言》

为了促成在全球范围内加强对劳工权的保护，联合国一方面通过制定有关劳工权益保护的法律文件，并强调要遵守和实施现有的国际社会公认的人权公约的相关条款；另一方面加强与其他国际组织之间的合作，包括政府间国际组织和非政府间国际组织。1948年12月10日召开的联合国大会采用并宣布了人权概念，该概念第一次被明确是在1948年《世界人权宣言》中，它除了对人权概念进行了具体规定外，更重要的是，它还对人权保护的具体内容进行了较为详细的规定。其中，与劳工权利相关的条款包括：

• 任何人不得使为奴隶或奴役，一切形式的奴隶制度和奴隶买卖，均应予以禁止（第4条）；

• 人人有权享有和平集会和结社的自由（第20条）；

• 人人有权工作、自由选择职业、享受公正和合适的工作条件并享受免于失业的保障（第23条）；

• 人人有同工同酬的权利，不受任何歧视（第23条）；

• 每一个工作的人，有权享受公正和合适的报酬，保证使他

---

① 石美遐、Lisa Stearns 主编：《全球化背景下的国际劳工标准与劳动法研究》，中国劳动社会保障出版社2005年版，第15页。

本人和家属有一个符合人的尊严的生活条件，必要时并辅以其他方式的社会保障（第23条）；

- 人人有为维护其利益而组织和参加工会的权利（第23条）；
- 人人有享受休息和闲暇的权利，包括工作时间有合理限制和定期给薪休假的权利（第24条）。

"尽管《世界人权宣言》是以联合国大会决议的形式通过的，不是严格意义上的法律文件，也不具有法律上的拘束力，但随着时间的推移，越来越多的人权学者认为，由于其不断地在国际人权法律文件和国内法中得到确认，其中的许多原则已经被看做是国际习惯法的一部分。"① 1966年的《经济、社会和文化权利国际公约》、《公民权利和政治权利国际公约》都与人权保护有关，二者都是建立在《世界人权宣言》基础上的，这两个公约中关于劳工权的有关规定，已经成为近年来各国制定本国的劳工权益保护规范的重要参考依据。

（二）《公民权利和政治权利国际公约》

在《公民权利和政治权利国际公约》里面也包含了反对歧视、反对强制劳动、保障结社自由权利等事项的规定，如第8条规定："任何人不得使为奴隶或奴役，不得被要求从事强制性或是被迫性的劳动"；第22条规定："一、人人有权享受与他人结社的自由，包括组织和参加工会以保护他的权益的权利；二、对此项权利的行使不得加以限制，除去法律所规定的限制以及在民主社会中为维护国家安全或者公共安全、公共秩序，保护公共卫生或道德，或他人的权利和自由所必需的限制；本条不应禁止对军队或警察成员的性质的行使此项权利加以合法的限制；三、本条并不授权参加1948年关于结社自由及保护组织权国际劳工组织公约的缔约国采取足以损害该公约中所规定的保证的立法措施，或在应用法律时损害这种保证。"

---

① ［加］约翰·汉弗莱著：《国际人权法》，世界知识出版社1992年版，第154、158页。

（三）《经济、社会和文化权利国际公约》

《经济、社会和文化权利国际公约》关于劳工权的规定集中体现在第6条、第7条、第8条。经济、社会和文化权利委员会第18号"一般性意见"对该公约规定的工作权（劳工权）作了如下精辟的概括：该公约第6条从总的方面阐述了工作的权利，并在第7条通过承认人人有权享受公正和良好的工作条件，尤其是有权享有安全的工作条件，明确引申了工作权的个人内涵。第8条阐述了工作权的集体内涵，它阐明人人有权组织工会和参加所选择的工会，并有权使工会自由运作。其中第8条规定，"一、本公约缔约各国承担保证：（甲）人人有权组织工会和参加他所选择的工会，以促进和保护他的经济和社会利益；这个权利只受有关工会的规章的限制。对这一权利的行使，不得加以除法律所规定及在民主社会中为了国家安全或公共秩序的利益或为保护他人的权利和自由所需要的限制以外的任何限制；（乙）工会有权建立全国性的协会或联合会，有权组织或参加国际工会组织；（丙）工会有权自由地进行工作，不受除法律所规定及在民主社会中为了国家安全或公共秩序的利益或为保护他人的权利和自由所需要的限制以外的任何限制；（丁）有权罢工，但应按照各个国家的法律行使此项权利。二、本条不应禁止对军队或警察或国家行政机关成员的行使这些权利加以合法的限制。三、本条并不授权参加1948年关于结社自由及保护组织权国际劳工公约的缔约国采取足以损害该公约中所规定的保证的立法措施，或在应用法律时损害这种保证"。这就是著名的"劳动基本权"条款。

（四）国际劳工组织的规定

国际社会对劳工权益的保护主要是通过国际劳工组织这一平台进行的。自1919年建立以来，国际劳工组织为了保护劳工权益，主要做了两个方面的工作：一是颁布了一系列涉及国际劳工方面的建议书和公约，为各国的劳工权益保护立法提供参考标准；二是向各个成员国提供专家咨询和技术方面的援助，促使会员国制定本国的劳工立法, 并帮助修改和完善。① 值得引起国家及企业关注的是, 国际劳工组织 (ILO) 为给劳工权利的实施提供统一的参考标准, 多年来致力于劳工权利相关条约的编写, 随着很多国家相继批准或加入这些公约, 对劳工权保护的影响扩大了。目前国际劳工组织制定的关于劳工权的公约共八项, 这八项公约为: 1930 年的《强迫劳动公约》 (*Forced Labour Convention*) (第 29 号公约); 1948 年的《结社自由与保护组织权公约》 (*Freedom of Association and Protection of the Right to Organise Convention*) (第 87 号公约); 1949 年的《组织权与集体谈判权公约》 (*Right to Organise and Collective Bargaining Convention*) (第 98 号公约); 1951 年的《男女劳工同工同酬公约》 (*Convention Concerning Equal Remuneration for Men and Women Workers for Work of Equal Value*) (第 100 号公约); 1957 年的《废除强迫劳动公约》 (*Abolition of Forced Labour Convention*) (第 105 号公约); 1958 年的《 (就业与职业) 歧视公约》 (*Discrimination (Employment and Occupation) Convention*) (第 111 号公约); 1973 年的《最低就业年龄公约》 (*Minimum Age Convention*) (第 138 号公约); 1999 年的《禁止最恶劣形式的童工劳动公约》 (*Worst Forms of Child Labor Convention*) (第 182 号公约)。上述公约虽然对劳工权益的各个方面进行了较为全面的规定, 但是其效力方面的缺陷也是明显的, 即上述公约由国际劳工大会通过后, 并没有对所有成员国立即产生效力。当然, 一些区域乃至全球范围内的最高政治领导层都对该国际劳工组织的议程进行了高度关注, 劳工权保护获得了广泛的国际支持, 从而使上述公约对国际社会的影响力日益加强, 国际社会对人权保障的力度加大了。

改善各国劳工的劳动条件和生活水平是国际劳工立法的宗旨, 其试图通过国际立法制定统一的劳工标准, 并由国际劳工组织来保障和监督其实施。它既具有一般国际法的共性, 又有其自身的特点与局限性: (1) 在立法方面, 主张适用国内法, 具有 "国内性";

---

① 李雪平著:《多边贸易自由化与国际劳工权益保护——法律与政策分析》, 武汉大学出版社 2007 年版, 第 45 页。

（2）法律法规并无强制性，其效力具有一定的弹性；（3）是否批准立法属于各国国内事务，具有自愿性；（4）国际劳工立法机构由劳工机构、企业、劳工代表组成；① 上述国际劳工立法的特点也显示了它作为国际法的局限性，这也是由立法的时代背景所决定的。当时正处于在"一战""二战"刚刚结束时期，全球经济陷入萧条、停滞状态，国际社会更多地着眼于人权的维护，并未涉及经济与贸易领域，整个社会的发展局势不利于职工就业，国际劳工组织对劳工权利的维护也基本处于停顿状态；同时，国际劳工立法也属于国际法的组成部分，其法律效力也具有非强制性。从法律性质上来看，国际法具有"软法"的特征，即它的实施不具有强制性，而是依赖于各个成员国的自觉行动，各个成员国完全可以根据本国国内的具体情况作出决定，并且各国还可以依据本国的经济发展状况、本国劳工的综合素质状况以及一般民众的生活质量等情况进行调整。在此情况下，国际劳工立法的实施难以得以保障：有的国家不接受条约的全部条款，而只是接受其中的某些主要条款，甚至有的国家对于自己暂时难以达到的条款予以保留或作出声明，对于这些情况，国际组织不能予以干涉，因此，国际劳工标准虽然已制定多年，但是各国在实践与执行方面，其法律效果却难以令人满意，对于劳工权益的具体维护也难以发挥其应有的作用。② 但是，当前的国际形势发生了很大变化，全球经济自由化和一体化进一步推进，国际投资与贸易都得到了前所未有的发展，两者之间的往来也日趋频繁，随着国际投资与贸易的飞速发展，劳工待遇标准也成为国际社会日益关注的问题，劳工标准问题与国际贸易、国际投资的发展紧紧联系在了一起，劳工权保护不再单纯是一个法律意义上的问题，也不仅仅是一个人权层面研讨的课题，在可持续发展原则理念的推动下，人们对劳工权保护有了全新的认识。在这样的世界形

---

① 任扶善著：《世界劳动立法》，中国劳动出版社 1991 年版，第 261～263 页。

② 刘波：《国际贸易与国际劳工标准问题的历史演进及理论评析》，载《现代法学》2006 年第 3 期。

势面前，国际劳工组织的立法获得了世界各国家的普遍认同，显示了其强大的号召力。

第二节　劳工权保护的理论基础

一、人权保护理论

（一）人权的概念

对于人权概念，在学术界存在的争议较大，不同的学者有不同的理解，因而很难给其下一个统一的定义，当代西方人权学者在自己的著作中很少对人权确立详尽的定义，大多对人权概念进行详细或简单的解释。归纳一下，人权大致具有以下几个最重要的特点：第一，人权建立在对人的人格和人的价值充分尊重的基础上；第二，人权具有普遍性，对所有的人都平等适用，没有歧视；第三，人权在没有特别的情势条件下，不可剥夺；第四，人权内容紧密联系、彼此依赖、互为条件，侵犯了一种人权也必然会对其他一些人权的实现产生影响，甚至也会侵犯其他人权。因此，人权的内容必须具有普遍性、不可分割性和优先性或者排他性的特征。① 一般人都认为，劳动者也是普通的人，劳动者的权利当然属于人权的范畴。并且在前面所述的国际人权法的文件中，也都包含有劳工保护权利的条款，这些权利主要包括：结社权、同工同酬、公平及适宜的劳动环境、禁止强迫劳动和就业歧视等。

（二）劳工权与人权的历史发展

1. 劳工权与人权的割裂

劳工权与人权并不是一开始就联系在一起的，在一个相当长的历史时期，劳动权并没有被纳入国际人权法体系，而是一个自成一体、独立运行的机制。造成这种割裂局面的原因是多方面的：

---

① 李雪平著：《多边贸易自由化与国际劳工权益保护——法律与政策分析》，武汉大学出版社 2007 年版，第 35 页。

首先，传统上，劳动权是一个国家甚至是一个地区的内部事务。因为劳动者的维权行动往往都是针对自己所在地区的某个企业和企业主，工会和劳动者本人仅关注自身的诉求以及权利是否得到政府和相关企业的保障，即使举行罢工、游行也是因对企业在工资、福利、待遇、工作条件等方面的不满而引发，政府出面，仅是协调相关企业和工会开展谈判、达成谅解，中央政府都极少介入，更不用说上升到国际层面。其次，长期以来，美国政界和法律界对于"劳动权"是一种权利还是一种"诉求"的问题存在极大的争论，而且主导性观点往往倾向于后者，即认为所谓的"劳动权"仅仅是一种经济、法律上的"诉求"，而不是一种基本的人权，理由是：这些权利具有很大程度上的经济性质，不同时期、不同地区、不同人群和不同社会、经济发展条件决定了"劳动权"的内容和实现方式的不同，不可能存在整齐划一的法律标准和模式。国际人权法保障的人权，都是人的生存和尊严所必需的基本权利，如言论自由，禁止酷刑、灭种、种族歧视等权利，而且在法律上可以确立相关的标准，因此，与其说"劳动权"是一种"人权"，还不如说它是一种根据条件不同而具有不同标准的"诉求"。美国法律界的上述主流观点直接影响了美国国会、政府以及人权组织的立场。在 ILO 的 177 个各类公约中，美国也仅批准了《禁止强迫劳动公约》，这一局面与美国法律界传统上不把包括劳动权在内的经济权利看做基本人权的指导思想有很大关系。最后，与其他维护人身权利的法律相比，无论是美国、欧洲的立法还是其司法实践，对工人的劳动权保护都有相当大的不确定性，往往被涂上浓厚的政治色彩，有时候资本主义国家的当权者甚至把工人的维权活动看做社会主义思想的影响和传播并加以扼制。①

除此之外，劳动权与人权之间的割裂还有一个重要原因，就是发展中国家对在国际场合讨论劳动权十分敏感，它们不愿将劳动权

---

① 刘敏东著：《人权与 WTO 法律制度》，社会科学文献出版社 2010 年版，第 6 页。

与人权混为一谈。因为大多数发展中国家是资本输入国，国内低廉的劳动力成本、相对于发达国家落后的生产条件正是它们吸引外商投资的优势。按照发达国家的标准来衡量，很多发展中国家的劳工权保障未达到最低要求，如果要求发展中国家将劳动权像基本人权那样建立统一的国际标准，必然使发展中国家丧失吸引外资的优势，进而影响其本国的经济发展。因此，广大发展中国家对劳动权的国际化持有消极甚至是抵制的态度。国际人权组织为了避免发达国家和发展中国家之间的激烈争论，也不敢贸然介入劳动领域。

总之，基于以上国际、国内各种复杂的原因，长期以来，劳动权多数情况下只是属于一国的国内事务，很少上升到国际法保护的层面；国际人权组织也不愿介入到各国工会的维权活动，就形成了劳动权与人权互不理会、各自为政的局面。但是，这种状态随着20世纪90年代国际形势的变化而发生重大改变。

2. 劳动权与国际人权的联合

冷战期间，ILO 和国际人权运动被视为东西方之间进行国际政治斗争的工具，20世纪90年代，随着冷战的结束，国际形势发生了变化：国际领域的政治、军事竞争被经济领域的竞争所代替，经济的发展成为各国关注的焦点，这一变化为劳动权与人权的联合创造了条件。一方面，随着冷战的结束，原本当做政治工具的国际组织——ILO 彻底摆脱了蒙在其身上的浓厚的政治色彩，开始寻找新的发展空间和舞台，开始改变以往的被动局面，加大了与联合国人权机构的合作，大力推广劳动权。另一方面，随着经济全球化规模的不断发展扩大，世界各国之间的经济竞争也日趋激烈。发达国家的工会组织、行业协会开始改变以往只注重本国家、本地区劳动权的传统，转而关注他国劳动权，强烈要求建立劳动权的国际标准，推动劳动权进入国际经济领域，这为劳动权与人权走向联合提供了土壤。对此，美国著名学者菲利浦·阿尔斯特（Philip Alston）指出："由于冷战结束后，国际贸易变得更加重要，此外不断出现的市场经济体以及美国和其他发达经济体中保护主义压力的增长，（在这种背景下）刺激性或报复性贸易措施变得更有吸引力，这将最终成为现实，如果他们不仅从经济因素来考量，而且从人权角度考虑的话。"① 总之，国际形势的变化，国际经济的迅速发展，以及中国、印度等发展中国家经济的兴起直接影响和冲击了劳动权和国际人权法的传统理论和实践，使原本割裂的劳动权和人权开始走向联合。

（三）劳动权是特定人群的人权

劳工是具有特定社会身份的社会群体，他们所在的社会单位以及所拥有的社会地位使他们成为比较特殊的一个群体，所谓社会身份群体是指那些有着相同或相似的生活方式，并能从他人那里得到等量的身份尊重的人所组成的群体，因此，保护劳工权益，从根本上说是保护他们在劳动关系中的人权。劳动者与生产资料相结合，建立了劳工与雇主之间的劳动或产业关系。劳动关系具有管理与被管理的特点，是带有行政隶属性质的一种关系。在此关系中，劳动者靠出卖自己的劳动力维持自己的生活，而劳动者的价值也只有与生产资料相结合才能有所体现，因此，在劳动关系中，劳动者处于相对弱势的地位，难以在劳动力市场上获得与企业主平等的地位，更无法与雇主相抗衡。劳动者对企业主具有一定的人身依附性，这一特点更是加重了企业与劳动者之间权利义务关系的失衡，因此，保护劳工的权利，就是保护劳动者这一弱势群体在劳动关系中的人权，保护他们在工作中所享有的权益。

同为"人"的概念，劳工群体与群体具有"同质性"，比如老人群体、妇女群体、儿童群体、残疾人群体等一样。除此之外，劳工群体还具有其自身的特征，只有与这一群体所处的社会单位以及其所具有的社会地位联系起来，才能切实保护他们的权利，不仅要保障他们享有一般人所享有的人权，还要保障他们基于自身的特殊性所享有的特殊权益，当然，这些特殊权利，并不是高于一般人的特权，恰恰相反，而是为了保障他们享有与社会中的其他成员同等

①　Philip Alston, Labor Rights Provisions in US Trade Law—Aggressive Unilateralism? Included in Human Rights, Labor Rights and International Trade, Edited by Lance A. Coupa and Stephen F. Diamond, University of Pennsylvania Press, 1996, pp. 71-73.

的人权。① 因此，一方面，劳工群体既应该享有普通人所享有的政治权利，也要享有普遍意义上的经济权利、文化权利；另一方面，基于雇佣劳动关系，他们又要享有在工作中或劳动中所应享有的权利和利益。比如，有权享有健康安全的工作条件，有权享受公平合理的收入待遇；禁止就业歧视，实行男女同工同酬；职工享有合理休息的权利以及定期带年薪休假的权利；应当给予职工适当晋升的均等机会；保障他们不被要求从事强迫或强制劳动、不受一切形式的奴役；有权组织、参加工会和进行罢工，等等。在劳动关系这一特殊关系中，劳工相对于企业主处于相对弱势的地位，因此，从这个意义上讲，劳工群体在劳动力市场上属于弱势群体，保护这个弱势群体的人权，也就是保护劳工的权益。

二、维护社会公正理论

和谐的社会秩序是建立在公正的基础之上，而只有公正的社会制度作保障，才能保证国际经济秩序的健康稳定发展。关于公正的含义，有着不同的观点。有观点认为，公正是对于社会全体成员之间恰当关系的最高概括，它以一切人内在的、固有的权利为基础，它不取决于人们内心的想法，也不取决于人们的实践。它源于社会平等。② 也有观点认为，公正就是保障人们所享有的权利不受侵犯，或者即使受到侵犯也能够获得一定补偿，公正是对社会公众权利的一种保护。③ 从法学角度看，社会公正意味着人人平等，每个人都可以享受政治、经济、文化、社会等方面的广泛的基本自由。总之，"社会公正为社会结构的合理安排提供了标准，社会的一切基本价值都应平等地进行分配，如自由和财富、收益和机会，甚至

① 刘楠来：《关于国际人权法中的弱势群体的概念》，载《中国与欧盟联合国人权两公约学术交流网络第四次研讨会"弱势群体权利保护"论文集》，2003 年 11 月。

② 程立显著：《伦理学与社会公正》，北京大学出版社 2002 年版，第44 页。

③ ［美］R. T. 诺兰著：《伦理学与现实生活》，姚新中等译，华夏出版社 1998 年版，第 56 页。

包括社会的尊重，除非任何不平等分配有利于最少受惠者"①。

"维护社会公正"一直是国际劳工组织立法的核心内容和原则。早在1919年讨论《国际劳工宪章》时，国际劳工组织认为，现有的劳动条件下，大量的劳工遭受苦难和贫困以及不公平的待遇，于是提出了"社会公正"的思想，还认为社会不公正致使人们对社会感到极度不安，世界和平受到威胁，因此当务之急是改善此种状况与条件。1944年，国际劳工大会通过《关于国际劳工组织的目标和宗旨的宣言》（即《费城宣言》），在《费城宣言》中进一步阐明了社会公正的含义，社会公正意味着全人类都是平等的，都有权享有自由和尊严、拥有均等的机会，不分性别、种族或信仰，都有权在经济生活有保障的条件下，追求自己的物质生活和精神生活。社会公正的应有之义是：保证劳动者拥有更多的民主权利、能够更大程度地参与企业和社会的管理、享有更平等的就业机会、不断改善劳动条件以及提高生活质量。国际劳工组织认为，维护世界和平与保障劳工群体的基本人权有着密切关系。只有建立在社会公正基础之上，国际劳工标准才能得以实施，才能作为促进社会公正的基本手段发挥其作用。《国际劳工组织章程》序言认为，不公平与战争为伴，有不公平的地方必定有战争，要想建立持久和平的世界，必须以社会公正为基础。

当社会公正与经济效益发生冲突的时候，应该作出何种选择？不可否认，这个问题也是国家在经济发展和社会政策之间该如何选择的难题，这里就存在社会政策的价值选择问题。"这里所说的价值选择，不是选择一个，放弃另一个，而是在两者兼顾的前提下，寻求一个符合社会发展需要的契合点。一方面，法律要追求效益目标，保障资源的优化作用和配置，在对物质利益进行分配时，适当地对社会作出较多贡献的人给予更多的份额，以激励他们为社会创造更多的财富，从而实现更高层次上的平等；另一方面，法律也不能忽视社会平等的要求，人们之间的收入差距不能过大，要把这一

---

① 程立显著：《伦理学与社会公正》，北京大学出版社2002年版，第48页。

差距控制在社会公平观所允许的范围之内，以防止由于差距悬殊所引起的社会动荡，求得社会稳定中效益的持续提高。因此，不能将效益或平等绝对化，而将二者协调起来的契合点应该是适应社会主义市场经济需要的公平观念。"①

可见，保护劳工群体的权益，在某种意义上有利于促进社会公正。社会经济的增长源于劳工的辛苦劳动，但是整个社会经济的增长却没有改善自己的工作、生活条件，这在一定程度上是有悖于社会公正的。劳工权保护的理论基础正是建立在社会公正的思想上，源于人道主义的观念，并以此为出发点，在全球范围内推动了国际劳工立法的广泛发展。

三、劳资关系中以保护劳动权为核心的博弈理论

（一）利益博弈中的劳资合作关系

作为一种现代经济学的研究工具，博弈论经常被用来分析研究利益冲突关系。博弈论认为，合作性的制度安排，在一定的条件下将会自发地产生，劳动关系也可以看作一种制度安排，可以使用博弈论的囚徒困境理论来研究劳资合作制度。用下面的例子来解释囚徒困境理论：甲、乙两名嫌疑犯被警方逮捕，但对于指控二人入罪，警方并没有足够证据，需要对嫌疑犯进行审讯，为了防止二人串供，警方分开囚禁并审讯嫌疑犯，两个嫌疑犯面临相同的选择：第一种情况：如果两人都不跟警方配合并保持沉默，那么两人都会被判监1年；第二种情况：若一人认罪并检控对方，而另一人保持沉默，检举对方的人将即时获释，沉默的一方将会被判10年有期徒刑；第三种情况是，两个人都互相检举，那么两人都一样会判监8年。因为两名囚徒被分开囚禁，双方并不知道对方会作出怎样的选择，每个人都本着追求自己利益最大化原则，都选择了检举对方以最大限度地减轻自己的刑期，最后的结果是两人都要面临8年刑期。上述囚徒困境理论说明了一个道理：在面临困境的情况下，一方只顾追求自己的最大效益并不一定能获得对自己最好的理想结

---

① 李龙主编：《法理学》，武汉大学出版社1996年版，第159～160页。

果，只有与对方合作才能实现双赢，才能获得最好的结果。

劳动关系的本质就是劳动者与企业之间基于一定的社会经济利益而形成的关系，劳动关系双方因为立场不同，所代表的利益不同，难以采取一致的行动，劳动关系双方符合囚徒困境的基本假设条件，劳动关系双方往往会判断对方所采取的行动，然后根据这种判断来决定对自己最有利的行动。在劳动关系中，企业和劳动者都要最大化本方的利益，双方必然会展开一番利益博弈。双方在利益博弈过程中，为了追求自身利益大化，既有可能选择与对方合作，也有可能采取不与对方合作的态度。从以上囚徒困境理论可以得出：企业和劳动者之间应该相互合作，既为自己的利益着想，也要为对方的利益考虑，只有互相协作，双方才能获得最大利益，而这种合作并非是一次性的合作，需要长久地进行合作，才能真正促进劳资双方的双赢。

劳资双方要进行正常的博弈，就要保证参与博弈的利益主体处于平等的地位，要避免出现一方对另一方的压制与强迫，只有这样，双方才有可能形成互助合作的关系，才能获得对双方都有利的博弈结果。如果博弈的双方地位不平等，双方的利益诉求就不可能被充分表达，也就无法均衡各方利益。因此，要实现博弈的劳资双方的地位平等，需要做到以下两个方面：一是保证劳资双方在订立合同时的地位平等，只有地位平等了，双方才能就劳动合同的内容进行平等协商与谈判，合同内容才能真正体现劳动者的利益与诉求；二是保证双方在劳动关系建立后，用人单位与劳动者之间能始终处于平等的地位，以使双方进行更良好地沟通合作。劳资双方之间的博弈不是短暂的过程，只有注重长远利益，进行长期的合作，劳资双方才能取得较好的合作效果，任何一方如果只顾自己的眼前利益，不关注未来的收益，不仅使对方遭受损失，自己的整体利益也会因此而蒙受损失，从而使自己的长远利益最终落空。因此，企业与劳动者之间要在博弈的过程中实行双赢，就要做到相互让步、彼此妥协，在默契中逐渐建立起长期信任合作的劳动制度。

（二）建立以劳动者为核心的劳动制度

在生产力与生产关系的关系中，生产力决定生产关系，劳动者是生产力的主导要素。劳动者是社会财富的创造者，离开了劳动者，社会财富就无从产生，因此，劳动者是劳动关系中的核心力量。但是，劳动力的价值要与生产资料相结合才能有所体现，劳动力对资本有着很强的依赖性，生产资料离开了劳动者，在一定时间内还可以独立存在，劳动力离开了生产资料，其价值就无从谈起，而资本、生产资料都掌握在企业手中，在劳资博弈中，劳动者处于弱势地位，要实现劳资双方地位上的真正平等，还必须建立以保护劳动者劳动权为核心的劳动制度。这就需要国家一方面注意加强劳动者自身的综合素质，努力为劳动者在博弈中争取话语权，不断提高其在劳资关系中的地位；另一方面，国家要通过加强法律制度建设，保护劳动者权益的合法权益，从立法、司法、行政三方面为劳动者提供全方位的保护，真正建立起以劳动者为核心的劳动制度。

第二章　国际投资协定中劳工权保护的必要性

第一节　国际投资自由化对劳工权的影响

一、国际投资与国际投资自由化

国际投资最初的发展，客观来说，部分源于发展中国家维持较高的关税等贸易壁垒，而发展中国家历史上已形成为发达国家出口市场，外国制造商为了保护出口市场，就需要避开发展中国家的关税壁垒，以保持其在最初的出口市场中形成的优势地位，而绕开关税等贸易壁垒的最好形式就是进行国际投资，直接在发展中国家投资办厂，避免发生国际贸易。[①] 而发展中国家为发展本国经济，急需资本的投入，而国际投资能够为这些发展中国家提供更多的资本。跨国公司则是国际投资的主要来源和实施者，随着国际投资的不断发展，这样的趋势越来越明显，即发展中国家劳动力价格低廉、劳工标准较低，在全球范围内的投资竞争中具有明显的比较优势，跨国公司纷纷到这些低收入的国家投资设厂，而后把生产产品出口到高收入的工业化国家。在一些新兴的工业国家，如墨西哥、巴西、泰国、中国等，劳工相对容易培训并且廉价，尤其吸引劳动

[①]　Jeromel I. Levinson, Worker Rights and Foreign Direct Investment, Daniel D. Bradlow & Alfred Escher, Legal Aspects of Foreign Direct Investment, Kluwer Law International 1999, p. 138.

密集型产业的外来投资。①

20世纪90年代中后期，在贸易自由化运动之后，世界范围内又出现了投资自由化经济浪潮，国际投资自由化带来了国际直接投资的迅猛发展。发展中国家试图借助投资自由化的平台，促进自己本国经济的迅速增长。于是，各国在立法上放松对外商投资的管制，转而强化对外资的保护，以促进投资自由化。过去的10多年，各国将如何更加有利于FDI的流入作为政策改革的主要目标，各国政策变革的主要内容集中于准入条件放宽、部门更加开发、强化促进、增加激励等。以跨国公司为代表的全球自由投资体系逐渐形成。虽然2008年受国际金融危机的冲击，投资总额有所下降，但仍保持在较高水平，2011年全球FDI流量仍超过了金融危机前的平均值，达到1.5万亿美元。2012年又有所下降，但是全球对外直接投资也达到了1.35万亿美元。在这一时期，国际投资协定的大量签订，进一步推动了国际投资自由化进程。《2013年世界投资报告》显示，截至2012年年底，国际投资协定共计有3196项，包含2857项双边投资协定和339项其他国际投资协定。这股潮流的一个表现是投资者与东道国争议案件大量增加，投资协定仲裁案件至2012年底已达514个，仅2012年内就有58个，国际投资协定对国际投资活动产生了很大影响。

二、国际投资自由化对劳工权的影响

国际投资对劳工权的保护犹如一把双刃剑，国际投资促进了世界经济的发展，改善了劳工的生活条件，但是投资者在追求最大利润的同时，往往以降低劳动力成本、侵犯劳动者权益的方式作为其实现投资目标的手段，从而对劳工权益带来了负面影响。

（一）国际投资自由化对劳工权的积极影响

国际投资对劳工权的积极影响是多方面的。联合国贸易和发展

---

① Walter Russell Mead, The Low-Wage Challenge to Globe Growth, The Labor-Cost Productivity Imbalance in Newly Industrialized Countries, Economic Policy Institute, Washington D. C, 1990, pp. 15-20.

会议指出，国际投资的发展能够创造更多的就业机会，特别是在服务业、初级制造业以及劳动密集型出口型产业方面。就业机会的增多会给劳动者就业带来诸多好处，而收入的增加可以推动劳动者的经济、社会和文化权的发展，所以投资自由化的发展促进了劳工权的发展；另外，投资对社会的影响是多方面的，如可以增加贸易规模、加快经济增长，以推动社会快速发展，加速和带动人力资源的培训；上述就业机会的增多可以发挥劳工的创造力，推动新技术的出现，给人们创造了一个更加平等的社会，同时促使收入分配更加趋于合理。东道国为吸引外资，积极采取措施改善国内教育体制，发展教育水平，为更多的人提供了受教育的权利；① 在过去的 20 年里，国际投资对妇女社会地位的提高也有着积极的推动作用。首先，随着社会的发展，妇女的意识提高了，社会也为她们走出家门、参与社会提供了更多机会，使她们参与有偿劳动；其次，经济上的日益独立迫使社会对妇女给予更多的平等权，妇女的社会地位得到了提高，无论在家里还是在社会上，她们拥有了更多的自主权。

　　总之，国际投资的发展推动了东道国经济的迅速发展，东道国居民有机会享有更好的受教育权、劳动权，公共健康权也得到了进一步的维护，进而促进了当地人权的整体保护水平，而人权保护水平的提高与企业利润的增加形成良性循环：当劳工的各项权利得以保障时，劳工的工作积极性与创造力被充分调动，工作效率显著提高，企业利润明显增加。作为一种商业策略，外国投资者也积极致力于提高对劳工权的保护。因此，国际投资自由化对劳工权益的保护、劳工经济地位的改善有着积极的作用。

　　（二）国际投资自由化对劳工权的消极影响

　　然而，已经发生的很多案例表明，伴随着投资带来的经济和社会的快速发展，国际投资自由化对于劳工权保护已经产生了负面影

---

　　① 李先波等编著：《主权、人权、国际组织》，法律出版社 2005 年版，第 182 页。

响，这一看法得到了很多学者的普遍认可。跨国公司凭借其自身强大的垄断优势和竞争优势，在经济、社会、文化权利领域实施了很多侵犯劳工权的行为。比如著名的 Doe v. Unocal 公司案：缅甸的石油和天然气公司于 1992 年和法国的道达尔公司签订了合营合同，双方约定由道达尔公司负责开采和销售缅甸的石油和天然气，双方达成的合作协议中包含有一个条款，即缅甸的石油和天然气公司要为道达尔公司的工人提供一定的安全保护。1993 年美国的加州联合石油公司介入进来，它从道达尔公司手中购买了部分股份，但是美国的加州联合石油公司却违反了劳工权保护条款，威胁并强迫他们为该项目进行劳动，在强迫劳动过程中还严重侵犯当地居民的人权，对当地居民实施了国际人权法所禁止的行为，如对居民实施酷刑、谋杀、强奸等行为。1996 年，以缅甸的公会组织为首，十多个缅甸村的村民联合在美国加州联邦地方法院提起诉讼。原告对加州联合石油公司、缅甸军政府的行为进行了指控，并提出了加州石油公司侵犯人权的证据。在该案中，为了获取利益，美国的加州联合石油公司与缅甸军方订立合营契约，在缅甸军政府的惨无人道、违反人权的行动中充当了帮凶的角色。① 这是一起严重的、由跨国公司直接参与的、较为典型的侵犯人权的案例。除此以外，跨国公司的供应商或者海外分公司、子公司侵犯劳工权益的事件也屡屡发生。如根据中国国际广播电台 2005 年报道，耐克公司作为全球最大的运动用品生产商，曾在当年 4 月份发表一份报告，承认了外界指责的其旗下东南亚工厂存在侵犯劳工权的情形，如禁止工人在工作时间喝水、随意延长工人的工作时间、强制工人加班等问题，从而间接承认了社会称耐克公司的海外工厂是"血汗工厂"的说法；另外，英国《星期日邮报》也报道了富士康公司的丑闻，作为台湾代工巨头鸿海集团旗下的代工工厂——富士康公司是"血汗工厂"，由苹果公司生产出来的 iPod 是工人血汗的结晶，因为"他们

---

① 余劲松著：《跨国公司法律问题专论》，法律出版社 2008 年版，第 416 页。

的月收入仅有 27 英镑（约合人民币 387 元），但每天的工作时间
长达 15 个小时"。① 同样的指责面向微软、戴尔、IBM、惠普和联
想的供应商美泰，工人的人身自由受到限制，不仅要经常超时加
班，而且收入低于当地生活标准。为此，美国的非政府组织全国劳
工委员会（National Labor Committee）在其发布的《中国的高科技
苦难》中称美泰也是"一家血汗工厂"。② 还有一些国际上著名的
品牌公司，如迪士尼公司、沃尔玛公司等均曾因侵犯劳工权利而受
到起诉。而随着跨国公司在全球数量的增多，这种现象有愈演愈烈
的倾向。在《侵犯经济、社会和文化权利的马斯特赫里特指南》
讲述了这样一种情况，即世界各国往往有这样一种倾向：为了应对
由国际国内金融机构和金融市场所引发的危机而削减政府的作用，
或者为了吸引跨国公司的投资，依靠市场力量来削弱劳工的福利。
因此，外国投资者为了追求利润最大化，往往不惜侵犯劳动者权
益，国际投资的自由化对劳工权益保护带来了负面影响。

在一些国家，政府为了维持某些制度安排，故意阻碍建立独立
的工会（以及其他降低劳工权利的形式），使政府更容易实施经济
稳定化项目和相关改革，并成为吸引国际投资的重要因素之一。如
马来西亚政府，根据跨国公司的需要，禁止在电子工厂设立独立的
工会组织，避免工人们要求更高的工资，因为跨国公司曾警告，如
果允许工会的存在，它们将把投资转移到其他工资更低的市场。因
此，就西方国家看来，正是发展中国家的比较利益和形成的不公正
的国际竞争条件的存在，外国投资和劳工权利紧密地联系起来。即
降低或剥夺劳工权利构成了不公正的国际竞争条件的重要内容，从
而对国际投资产生重大影响，这为在国际投资规制中讨论劳工问题

---

① 《血汗工厂》，载百度百科，http：//baike. baidu. com/view/462118.
htm，2013 年 1 月 31 日访问。

② 《美泰驳美全国劳工委员会血汗工厂指控》，载新浪网，http：//
finance. sina. com. cn/roll/20090218/02595867729. shtml，2013 年 1 月 31 日访
问。

提供了理论基础。

第二节　国际投资协定中劳工权保护的应然性

一、国际法人本化的发展趋势

关于国际法的人本化，迄今为止没有一个明确的定义，曾令良教授曾这样给它下定义："所谓国际法的人本化，主要是指国际法的理念、价值、原则、规则、规章和制度越来越注重单个人和整个人类的法律地位、各种权利和利益的确立、维护和实现。"① 从上述定义中，我们可以看出国际法人本化已经或者将要贯穿于整个国际法的发展进程。首先，就现代国际法的一种发展状态而言，关于人和人类的各种权益保护及法律地位原则、规则已经确立，相关的规章和制度也具有人本化的特征。其次，一些新的体现人本化思想的价值观已在国际法中悄然兴起，并不断得到发展。更重要的是，这预示着国际法的一种发展趋势或者动态进程。最后，从主体和对象来看，国际法的人本化范围扩大，其适用对象的个人不只是自然人，还包括法人，从范围上来说，不仅仅是指个人，而且还包括整个人类社会。因此，国际法的人本化作为一种新的理念，已悄然贯穿于国际法的发展进程之中，未来的国际法也必然朝着这一方向迈进。

在过去的二三十年期间，全球经济的自由化和一体化，不仅促进了国际贸易与投资的迅速增长，而且也促使国际经济法领域发生了巨大演变。在经济全球化给人们带来巨大物质享受的同时，人们也越来越开始关注经济全球化所产生的负面影响。为了及时应对伴随着经济全球化产生的各种社会问题，国际法人本化的理念应运而生，对人权、环保、公共健康等公共利益领域问题的关注日益加强，在世界范围内各国也逐渐达成一个共识：为了保护少数投资者

---

① 曾令良：《现代国际法的人本化发展趋势》，载《中国社会科学》2007 年第 1 期。

的私人利益，片面追求眼前利益而将国家公共利益和社会利益置之度外的行为不值得提倡；以牺牲环境和人权为代价换来的经济增长不值得颂扬；严重背弃可持续发展理念、损毁今代和后代人赖以生存的生态环境应予以坚决反对；另外，从尊重人权的角度出发，关于人的基本价值如生命健康权、劳工权的关注日益得到现代国际法的尊崇，与可持续发展相关的理念和原则开始在国际经济法领域受到重视。①

因此，作为对国际投资有着规范、指引、约束作用的国际投资协定也应顺应国际法的发展趋势，在促进世界经济增长的同时，更应关注对人权的尊重，更加注重对劳工权益的保护，最终保障法律的最高价值——人的自由的实现。

二、企业社会责任运动的兴起

企业不仅注重经济效益，而且要负有一定的社会责任，此观念最初并非由理论界提出，而是兴起于实务界。1929 年通用电器公司的一位经理杨（Owen D. Young）第一次在他的演说中指出，公司的经理们不仅有义务保护股东的利益，而且有义务保护雇员、广大公众和顾客在公司中的利益。因此，"企业社会责任"并不是最近几年才引起社会各界的关注，也不是一个新的理论问题，它产生于 20 世纪初美国关于"企业对其所有利益相关者（stakeholders）负责"的观念。② 1924 年谢尔顿（Oliver Sheldon）提出了企业社会责任应包含有道德因素，公司经营者应把满足产业内外各类人群的需要视为自己应负的社会责任，并在此基础上，提出了"企业社会责任"（Corporate Social Responsibilities，简称 CSR）的概念。③ 这一概念的提出在国内外学术界引起了广泛关注。但是目前对这一

---

① 刘笋：《国际法的人本化与国际投资法的革新》，载《法学研究》2011 年第 4 期。

② 刘俊海：《强化公司的社会责任——建立我国现代企业制度的一项重要内容》，载王保树主编：《商事法论集》第 2 卷，法律出版社 1997 年版，第 82 页。

③ Oliver Sheldon, The Philosophy of Management（1924），p. 74.

概念的表述尚无统一的定论，学者们试图从自己研究的不同的学科领域，如经济学、管理学、法理学、社会学、伦理学等多个视角，对企业社会责任的概念进行不同的理解与解释。联合国贸发会（UNCTAD）给企业社会责任所下的定义："所有的社会组织都能明确自己的任务和职责，并随社会发展而改变，企业社会责任涉及商业企业如何实现及影响社会需求和目标。"我国刘俊海教授对公司社会责任下了定义："公司社会责任，是指公司不能仅仅以最大限度地为股东们营利或赚钱作为自己的惟一存在目的，而应当最大限度地增进股东利益之外的其他所有社会利益。"① 因此，讨论跨国企业的社会责任总是与建立全球化社会的目标联系在一起，以保持国际社会的公平、繁荣和稳定发展。

20世纪60年代以来，一些经营者和企业的股东只顾片面追求自身的经济利益，对于社会公众利益毫无顾忌地予以侵害，对于消费者、竞争者、债权人毫无社会责任：如为了追求经济利益，不对消费者负责，大量生产和出售假冒伪劣商品；漠视自己的社会责任，肆意地污染空气和水源；漠视劳动者的权益，不为劳动者提供安全生产条件，这种种唯利是图、自私自利的企业行为毫无社会责任而言，被统称为企业社会责任松懈。也就是从这时起，美国的企业社会责任运动开始发起，并且迅速影响到世界范围内的其他国家，一直未曾停歇。从20世纪80年代开始，西方国家的各类组织协会，如工会组织、非政府组织、消费者协会、跨国公司的竞争企业甚至学生组织等都卷入对以跨国公司为首的企业不负责任行为的抨击与批评之中。这些组织发起的运动此起彼伏，相互作用相互配合，对存在于跨国公司转包体系中的"血汗工厂"问题进行抗议，要求跨国公司在追求企业自身的经济利益的同时，也要承担一定的社会责任，不仅要对社会、对企业、对消费者负责，也要对劳工承担其相应的社会责任。

在企业社会责任运动的推动下，关于企业社会责任认证标准（SA8000）和跨国公司生产行为守则应运而生。目前，关于企业社

---

① 刘俊海著：《公司的社会责任》，法律出版社1999年版，第58页。

会责任认证运动的形式有两种：其一是由跨国公司制定和实施生产的行为守则，始于 20 世纪 90 年代，1991 年 Levi Strauss 公司是第一个制定此项守则的跨国公司，Levi Strauss 公司试图通过制定规则的方式约束公司行为，以解决公司社会责任问题，随后其他一些跨国公司也相继跨入这一行列，制定了类似的生产行为守则。这是跨国公司针对自身生产经营过程中的制作生产行为制定的具有自我约束、自我管理性质的守则，跨国公司凭借其强大的经济影响力和控制力向跨国公司自身、分公司和子公司，以及关联公司推行一定的企业生产行为准则和守则。在这些规则中，劳动标准守则通常都居于最重要最首要的地位。其二是推广企业社会责任认证标准。推行社会责任标准（Social Accountability 8000，SA8000）的目的是使企业在其可控制的范围内发挥其影响力，对有关社会责任事宜进行管理，确保企业生产的产品和提供的服务符合社会道德的认证标准以及劳工权保护的相关规定，如果企业的行为符合该企业社会责任认证标准，也是企业向利益相关方证明其作出的政策、生产产品的程序及举措均符合本标准之规定，即自己的行为是对社会负责任的。

企业社会责任理论随着经济全球化的发展进程，重新成为全球范围内的一个话题，近些年来这一思想的传播更为深入，国际社会也对企业社会责任表现出了前所未有的重视。一些世界知名商业杂志在对企业进行排名时，都将企业的"社会责任"作为一项重要的评比指标，如《财富》《福布斯》等。全球化使世界各地的联系更加紧密，一些非政府组织如人权组织、环保组织、国际消费者组织、宗教组织、工会组织都在推动现代企业社会责任运动方面发挥了自己的力量，使得企业社会责任运动已经发展成为一种国际潮流。在跨国公司订单的附加条件中，也出现了"企业社会责任"的字眼，发展中国家作为世界主要的生产制造基地都先后加入此项运动，一些东南亚国家如越南、泰国、印尼等都成为运动的主力，这就要求跨国公司的产品供应商也严格遵守企业社会责任标准。大多数欧美跨国企业选择其合作伙伴时，会考虑对方的企业社会责任，只有通过评估和审核的全球供应商和合作商才能与其合作。为了避免其国际形象受影响，世界知名品牌如阿迪达斯、耐克、沃尔玛等跨国公司，纷纷积极加入到这一运动行列中。这一运动表现在国际投资协定中，许多国家开始在其新签订的投资协定中加入企业责任条款，并作为跨国公司义务加以规定，要求跨国公司在遵守劳工标准、促进人权发展、环境保护甚至反腐败等方面负有一定的社会责任，以更好地服务于本国经济，推动和实现世界经济发展的目标。比如2009年秘鲁与巴拿马、2008年加拿大与哥伦比亚签订的自贸区协定中，在协定的前言和实体性条款部分都包含了企业社会责任条款；自《里斯本条约》以后，欧盟被授予国际直接投资的专属管辖权，在随后召开的欧盟议会中明确要求，公司等企业的社会责任条款包含在以后签订的国际投资条约中。

三、可持续发展原则的内在要求

可持续发展这一概念的起源要追溯到1971年的发展与环境报告，该报告的主题阐明了长期发展规划与环境保护之间的联系。经过近3年努力，世界环境与发展委员会在1987年公布了《我们共同的未来》（*Our Common Future*）的报告，该报告的观点认为："可持续发展是既满足当代人的需要，又不对后代人满足其需要的能力构成危害的发展。"[1] 1987年5月，第15届联合国环境规划署理事会在反复磋商的基础上，通过了《关于可持续发展的声明》，该声明对可持续发展所下的定义是："可持续的发展，系指满足当前需要而又不削弱子孙后代的满足其需要之能力的发展，而且绝不包含侵犯国家主权的含义。"[2] 此定义被后来的发展中国家所认同。此外，一些非政府间国际组织也对可持续发展下了不同的定义。2002年国际法协会制定了《关于可持续发展国际法的新德里原则宣言》，在其序言部分对可持续发展进行了最新、最全面的表述，

---

[1] 世界环境与发展委员会：《我们共同的未来》，吉林人民出版社1997版，第20页。

[2] 石磊：《可持续发展与现代国际法》，载《武汉大学学报（社会科学版）2002年第4期。

可持续发展的目标要求一个综合的、全面性的方针政策，以指导经济、社会和政治发展的进程，力求保护自然和人类生命所依赖的、社会及经济发展所能依存的环境，以实现地球的自然资源能够可持续地被利用，以及力求实现能够合乎所有人需要的生活水准，并在此基础上自由地、积极地、有意义地参与社会发展，并且公平地分配所得的利益，适当照顾子孙后代的利益和需求。

可持续发展虽然源于环境保护，但随着时代的发展，内容已经拓展到了更为广阔的领域。在政策层面，无论是在一国国内还是在区域范围内，可持续发展已经影响了各国政策的适用与发展，被许多政府所采纳；同时作为一项政策，它也推动了国际组织法律的发展。实践中，可持续发展原则理念早已不再囿于环境领域，而是扩展到社会发展的各个领域，进而对整个国际法体系的发展都产生了深远的影响。① 在联合国贸易和发展组织发布的《2012 年世界投资报告：迈向新一代投资政策》中提出，"新一代投资政策将包容性增长和可持续发展作为努力吸引和受益于投资的核心"，并提出了综合性的可持续发展政策框架（IPFSD），将推动可持续发展的投资作为框架的首要原则与总体目标，并谈道："人们认识到推动投资不仅是为了经济增长，也是为了惠及所有人（包括最贫困的人），这一原则也在国内和国际的主流投资政策制定中强调了可持续发展，即满足当前需要不能以牺牲未来为代价。"此外，近期投资决策的其他发展也表明，可持续发展原则在投资协定中日益受到重视，从而在新签订的投资协定中凸显。2012 年修订的美国模式的双边投资协定尽最大努力保证不放松国内环境和劳工法律，并使其成为有约束力的义务；同时还明确承认环境法律和政策、多边环境协定的重要性，重申了《关于国际劳工组织的目标和宗旨的宣言》项下的承诺。② 2012 年，南部非洲发展共同体（SADC）继续对其双边投资协定模板进行修订，该模板旨在包含一种统一的方

---

① 张弛：《论可持续发展原则与国际法》，载《求索》2011 年第 11 期。
② UNCTAD：《2012 年世界投资报告》（中文版），经济管理出版社 2012 年版，第 99 页。

法，促进 15 个 SADC 成员国个体或集体与第三国进行双边投资协定谈判。该草案模板代表拓展未来国际投资协定中可持续发展范围的显著进步，包含环境和社会影响评估条款、反腐败措施、人权标准、环境和劳工标准、公司治理、国际管制和追求其发展目标的权利。由此可见，加强对劳工权益的保护也是各国促进国际投资可持续发展的一项内容。

第三节　晚近国际投资协定中劳工权保护的发展趋势

2008 年下半年开始的国际金融危机是自第二次世界大战后全球经历的一次严重冲击。有专家说，世界已经进入了后危机时代。在这一危机中，新自由主义者所倡导的自由化及所导致的完全市场化已暴露出诸多问题，新自由主义在国际经济发展中的话语权在逐渐丧失。而国际经济转型时期的国际投资法则表现活跃，近年来，国际投资协定的数量仍然呈现了上升趋势，国际投资仲裁案件也出现了爆炸式增长。更重要的是，国际投资协定内容和国际仲裁庭的仲裁机制引发了广大学者的热议，在此基础上，以美国 2012 年 BIT 范本为代表的国际投资协定内容发生了变化，加强了对劳工权的保护，仲裁庭的仲裁实践也正试图努力进行再调整，这充分体现了国际投资法正处于转型期，后危机时代国际投资协定的发展特点主要如下：

一、各国对 FDI 流入的国家监管持续加强

为了进一步促进增长和发展，世界各国采取措施持续开发和促进各行业的外国投资。2011 年，至少有 8 个国家采取措施向 FDI 开放部分行业，开放的行业包括农业、媒体服务业和金融业。例如，巴西通过了一项法律，取消外资有限电视运营商占股权比例 49%的上限，并授权电信运营商提供包括语音、宽带和电视服务的综合业务。印度允许部分农业部门采取外国独资形式；泰国允许外资银行将其在国内的分支机构转型为子公司。

在各国所采取的措施中，投资促进和便利化措施所占份额较大（32%），其中一些措施部分是为促进外国投资而作出的管理和程序上的变化，其他措施是为特定行业的外国投资者提供激励，如采掘业、发电行业、信息通信业、技术行业、教育和医疗保健行业。一些国家也采取措施设立新的或扩大既有经济特区。如美国出台了"选择美国（Select USA）"投资促进计划，该计划首次整合联邦政府为吸引外国投资而出台鼓励措施，该投资促进计划的目标包括：一是更好地发挥本国优势；二是提供关于美国投资环境的清晰、完整和一致的信息；三是消除不必要的投资障碍。中国也公布了新的指导方针，鼓励外资进入能源、环保和高科技等战略性新兴产业以及制造业和服务业的一些部门。俄罗斯颁布了一项任命投资监察员的法令，在8个联邦特区每区设立一名投资监察员。该法令规定，监察员应帮助企业实现其投资项目，并促进其与联邦当局、区域和地方当局的互动。

但是在促进投资自由化和便利化的同时，世界各国继续加强对FDI流入的监管政策。这些政策主要是基于国家安全、食品安全、人权保护、产业政策的考虑，以及控制战略性产业和基础设施行业的需要。一些国家修订了其FDI政策，或引入新的进入壁垒，或强化甄别程序。特别是拉丁美洲和非洲，大型外国企业和国家控制的实体（如主权财富基金）过度购买土地，过度开采造成环境问题影响国内农业生产者促进农村经济发展，这些公共利益问题日益引起人们的关注。例如，阿根廷通过了一项强调公众利益的法律，将持有西班牙雷普索尔公司所控制的YPF公司51%的股权，同时控制西班牙雷普索尔丁烷公司所拥有的雷普索尔天然气公司51%的股权；印度规定制药行业FDI并购提案只能经政府审批，不再推行自由政策。①

值得注意的是，虽然世界各国加强了对FDI流入的监管政策，由于投资者希望寻求更加开放和自由的投资环境，"自由化"和

---

① UNCTAD：《2012年世界投资报告》（中文版），经济管理出版社2012年版，第89页。

"促进"仍然是投资保护协定的首要任务。各国一方面避免对外资实行过度保护，另一方面也特别考虑到本国的主权，为本国公共政策的实施留有一定的空间。总体上讲，国际投资法更加注重投资者与东道国之间权利与义务的平衡，对东道国国内的公共利益保护越来越重视。

二、双边投资协定谈判正失去动力

传统投资协定的制定正在失去势头，2012 年仍然延续了这种趋势：2012 年共达成 30 项国际投资协定，其中包括 20 项双边投资条约和 10 项"其他国际投资协定"，共有 20 项得到签署，这是 25 年来所达成双边投资条约数目最少的年份。此外，2013 年，至少有 110 个国家参与了 22 个区域谈判。区域主义能够提供一个合理化的机会。如果参与 9 项这类谈判（即议程中列入了双边投资条约类型的条款的谈判）的当事方选择以区域协定中的投资章节取代各自的双边投资条约，今天的全球双边投资条约网络就能得到整合，减少 270 多项（或将近 10%的）双边投资条约。就数量而言，双边协定仍在国际投资决策中占据主导地位。

签署的协定数量总体呈现下降趋势，可能有如下原因：一是转向区域性协定的制定，单一区域性协定代替众多双边协定，区域集团（而非个别成员）与第三国谈判；二是国际投资协定越发饱受争议并具有政治敏感性，主要原因在于以国际投资协定为基础的投资者与东道国之间仲裁实践引起了广泛争议，投资协议下的争端解决机制的实际运行引起了对当前制度系统性缺陷的担忧，投资仲裁的合法性值得怀疑：如仲裁庭在评估一国法案特别是涉及公共政策问题的法案的有效性时，权益之下任命的三个人是否可以信任，以及潜在的遏制公共利益规则的因素，阻碍了东道国保护劳工权等可持续发展政策实施的主观意愿与能力。

三、新的国际投资协定往往包括有利于可持续发展的条款

新一代的国际投资协定越来越倾向于面向可持续发展的特点，

包括提及保护健康和安全、劳动权和环境权。近期的发展态势表明，可持续发展在国际投资政策中的作用日益突出。根据《2013年世界投资报告》显示，在 2012 年所达成的 17 项国际投资协定中，有 12 项（包括 8 项 BITs）在序文中提及保护健康和安全、劳动权利、环境和可持续发展；有 10 项（包括 6 项 BITs）涉及一般免责条款，例如为保护人权，动植物生命、健康或者保护濒临灭绝自然资源而免责；有 7 项（包括 4 项 BITs）明确表示各方不得为吸引投资而降低健康、安全或环境标准。其中许多条款都与贸发会议《可持续发展投资政策框架》中提到的政策相一致。如 2012 年修订的美国模式的双边投资协定尽最大努力保证不放松国内环境和劳工法律，并使其成为有约束力的义务；同时还明确承认环境法律和政策、多边环境协定的重要性，重申《关于国际劳工组织的目标和宗旨的宣言》项下的承诺。2013 年，南部非洲发展共同体（SADC）继续促进 15 个 SADC 成员国个体或集体与第三国进行双边投资协定谈判。该草案模板旨在拓宽未来国际投资协定中的可持续发展范围，包含环境和社会影响评估条款、反腐败措施、人权标准、环境和劳工标准、公司治理、国家管制和追求其发展目标的权利。2012 年修订的 OECD《跨国企业准则（1976）》主要侧重于诸如人权、就业和环境等公共政策问题，从而促进更多负责任和可持续发展的投资。

上述协定在总体上旨在为公共政策保留监管空间，尤其旨在尽量降低投资诉讼风险，为可持续发展提供补充条款。投资协定在这方面做了许多努力：如协定更关注条约的特定范围，本着公平公正的原则更加明确双方的义务，或者在间接征收的基础上制定具体条款，加强对投资者与东道国争端解决条款的监管，甚至有的协定中不再包括保护伞条款。

四、争端解决程序的改变与创新仍显不足

《2018 年世界投资报告》显示：国际投资协定项下已知的投资者与东道国争端解决投资协定仲裁案件至 2017 年底已达 855 个，

仅 2017 年内就有 65 件。过去十年，投资者与东道国争端解决案件急剧增长，可能有如下原因：国际投资协定数目增长；投资者及其法律顾问日益意识到投资者与东道国争端解决问题；FDI 流动大幅上升。投资者与东道国争端解决案件的增加也可能或至少部分影响投资者对政府重申其对经济的调节和引导作用的回应，因为政府对经济的调节和引导需经由一系列国家监管变动而实施。

近几年，国际投资协定也致力于争端解决程序方面的改善，例如着重增强仲裁程序的透明度，其中包括：公开听证，出版有关的法律文件，以及普通民众代表向仲裁庭提供临时法律意见的可能性。①

尽管如此，鉴于仲裁庭的实际表现，一些国家已表现出对当前争端解决程序的不满与担忧。2011 年 4 月，澳大利亚颁布的一项贸易政策声明宣布，其未来的国际投资协定将不再包含投资者与东道国争端解决条款，因为投资者与东道国争端解决机制将赋予外商投资企业比国内企业更大的权利，并会限制政府的公共决策能力（例如社会、环境和经济法律的通过和实施）。2012 年 1 月，委内瑞拉通告其退出国际投资争端解决中心（ICSID），成为第三个退出国（继玻利维亚和厄瓜多尔之后）。

以上国际投资协定近期的发展特点表明，一方面，各国在促进国际投资自由化和全球化发展的同时，也加强了对外资的监管，在国际投资中也越来越注重可持续发展问题，保护劳工权、有关企业的社会责任在新签署的国际投资协定中表现出来；另一方面，国际投资仲裁裁决的不确定性与不一致性也引发了国际社会对投资争端解决程序的不满，保护一般公共政策监管空间，降低投资诉讼的风险在投资条约中也有所体现。总之，国际投资协定不再一味追求投资自由化以及维护投资者的利益，投资政策正处于转型期，调整前期的自由政策向一个更加注重可持续发展以及其他公共政策目标的

---

① 余劲松、詹晓宁：《国际投资协定的近期发展及对中国的影响》，载《法学家》2006 年第 3 期。

平衡方式发展，而东道国对外资监管权的日益增强，要求在投资者利益与东道国监管权之间保持适当的平衡；同时，劳工权保护在国际投资协定中越来越引起关注，国际投资协定的人本化趋势越来越明显。

第三章 国际投资协定中劳工权保护现状与缺陷

第一节 国际投资协定中劳工权保护现状

一、双边投资协定中的劳工权保护

（一）双边投资协定中劳工权表述现状

1. 关于劳工权的直接规定

目前的双边投资协定中，很少有直接提及劳工权、人权或相关话题。例如，一些签订双边投资协定较多的国家，如德国（2008）、法国（2006）、中国（2003）、印度（2003）、英国（2005 年）BIT 范本中都没有明确提及劳工权保护问题。当然，劳工权在 BIT 中偶尔会被提及，有时在序言中也会被再次提起。例如2000 年之后签订的 BIT 大多数都认为"发展经济和商业关系能促进尊重国际公认的劳工权益"，BIT 的目标是"保证健康、安全和环保措施的普遍适用"。除了序言，类似的措辞也可以在条约的实质性规定中偶尔被发现，如美国和加拿大的 BIT 范本就有此类规定。美国 2004 年 BIT 范本规定，各缔约方承认通过削弱或降低保护国内环境或提供劳动法律来鼓励投资是"不合适的"。鉴于此，缔约双方承诺，对其境内设立、并购、扩大投资的鼓励措施，不得以放弃或减损劳工权利的法律的行使为前提，这些劳工权利已被国际社会所公认。加拿大 BIT 范本（2004）第 11 章也包含一个关于国内健康、安全与环境措施的类似规定，要求各缔约国不得采取可能降低"健康、安全、环境"标准的措施。

2. 与人权相关的规定

虽然没有直接规定劳工权的保护，但有些投资协定包含关于人权方面的规定，如有两个国家的 BIT 范本也涉及了人权保护：一个是 2007 年挪威的 BIT 范本草案。在其序文中重申，协定各缔约方应"致力于追求民主、法治、人权和基本自由，并遵守《联合国宪章》和《世界人权宣言》规定的原则来实施国际法所施加的义务"。① 另一个是南非的双边投资协定范本，其规定了一个例外条款：对投资者利益产生影响的条款，可以基于人权保护的考虑，构成 BIT 的例外。在一些区域性的自由贸易协定或多边投资协定中，国际投资与人权保护也开始联系在一起。如 2007 年成立的《东南非共同市场多边投资协定》，在投资方面列出了最低人权保护标准，为未来的部长会议提出了一个新的议程。同样，在《欧盟—俄罗斯伙伴关系与合作协定》中，在促进双方的投资中也零散规定，各缔约方通过常规政治对话，"努力在民主和人权有关问题上共同合作"。在 2002 年的欧洲自由贸易联盟和新加坡之间的自由贸易协定中也包含此类性质的措辞。然而，这样的序言措辞中都没有实质性规定。相反，它仅仅是条约的目的，因此需要进一步的解释。条约本身不能迫使外国投资者或者国家去遵守这些规定。

3. 国际投资协定对劳工权保护的总体缺失

总体而言，在目前已有的国际投资协定中，很少直接对劳工权保护问题进行规定。在某种程度上，BIT 中的这种缺位表达并没有规定投资者的义务。国家对于人权保护责任的缺乏源于一个事实，即 BIT 是单一的商业工具，它的主要目的和任务是维护投资者的利益，关于劳工权保护等涉及国家公共事务管理的方面则考虑较少，这种情况同样反映了一个问题，即个人权利相对于国家权力的软

---

① 对于这一范本草案，社会评价分歧严重，一部分人认为其对投资者的保护不足，另一部分人认为范本草案严重限制了政府维护公共利益的能力，最终范本草案未能通过。参见 Damon Vis—Dunbar, Norway Shelves Its Draft Model Bilateral Investment Treaty, http：//www. investmenttreatynews. org/cms/news/archivel2009/(~6/08/norway-shelves-its-proposed-model-bilateral-investment-treaty. aspx, September 24, 2010.

弱。近20多年来，在新自由主义理论深刻影响下，各国间缔结国际投资条约的主要目的是为了吸引外资，以进一步推动国际投资自由化，国际投资协定多赋予外国投资者以更多的权利，在内容上强调对外国投资者的保护，而对投资者应承担的社会责任，如保护东道国环境、注重劳工权保护、实现东道国经济和社会发展等方面缺乏法律规制。

（二）美国双边投资协定范本与劳工权保护

目前，在对国际直接投资进行规范的主要方式是国际投资协定，而在这其中的主体方式为双边投资协定。一般来说，双边投资协定分为美国模式和欧洲模式两种，其中欧洲模式的双边投资协定更能满足发展中国家的需要，因为该模式在市场准入、履行要求、国有化和征收、外汇转移等方面的要求更为宽松，成为双边投资协定中的主要范本。但是，因为美国在世界范围内政治、经济等各领域具有一定的优势地位，高标准的美式双边投资协定模式被认为代表了未来国际投资协定的发展方向，特别是美国于2004年和2012年分别制定的双边投资协定范本，都对劳工权保护进行了较详细的规定，其必定对各国的双边投资协定发展产生深远影响。

1. 美国2004年BIT范本关于劳工权的规定

自20世纪90年代以来，涉及劳工保护、环境方面的条款在北美的国家如美国、加拿大、墨西哥对外签订的投资条约中出现。[1] 2004年美国在其修订的双边投资协定范本中，就包含了劳工权保护条款。首先，在其序言中写道："迫切希望通过下列方式实现以上目标，即与保护安全和自然环境、保护国民健康以及推动国际认可的劳工权利保护相一致的方式。"其第13条更是对投资和劳工作出了规定，其中第1项的内容是："为了对其境内设立、并购、扩大投资进行鼓励，而采取降低和减少对国内劳工保护法律的规定的方式是不合适的，这些措施应与保护国际公认的劳工权利的目标相一致，双方也应当力求避免采取类似措施，如果缔约一方认为另

---

[1]　杨羽：《国际投资中劳工权保护问题研究》，复旦大学2009年硕士论文。

一方采取了类似的与劳工保护不一致的鼓励措施，可以要求与另一方就此问题进行磋商，缔约双方应对以上内容有所认识并作出承诺"；第2项规定了劳工权利保护的范围："本条所指'劳工法'指缔约方制定的、被国际公认的、与劳工权利直接相关的法律、法规或规章：

　　a) 集会的权利；

　　b) 组织和集体谈判的权利；

　　c) 禁止使用暴力或强迫劳动的权利；

　　d) 保护儿童和未成年人劳工的权利，包括最低工作年龄和禁止使用、虐待童工；

　　e) 关于最低工资、工作时间和职业安全健康方面的正常工作条件。"

关于劳工权利保护范围，2004年的美国BIT范本也进行了规定。除此之外，2004年BIT范本规定的劳工权利还包括"四项核心劳工权利"，这些权利已经得到国际社会的认可，除此之外，范本中还增加了"可接受的工作条件"，这表明其提高了对劳工的保护标准，也体现出发达国家增强了对劳工权的保护意识。

2. 美国2012年BIT范本关于劳工权的规定

2012年美国的双边投资协定范本进一步加强了对劳工权益的保护。首先体现在小组委员会的组成上，该委员会由多元化的专家组成，其中包括了商界、学术界、劳工、环境非政府组织和法律职业等方面的代表。从组成上就可见此次范本修改对劳工权益保护的重视。其次，如在序言中提道："旨在以一种国际公认的、与促进的劳工权益、保护安全与环境、保护健康相一致的方式实现这些目标"；同时，在第13条对投资和劳工进行了规定：

（1）双方重申各自作为国际劳工组织（ILO）成员的义务以及在《国际劳工组织的基本原则和权利宣言及其后续措施》中所做的承诺。

（2）双方认识到，为了鼓励投资所采取的措施，不得减损国内劳动法对劳工权的法律保护，这种做法是不恰当的。所以，每一方应确保它不放弃或者毁损或提供放弃或违背劳动法，放弃或减损不符合第三部分（a）~（e）中的劳动权利或者通过持续或反复的行为或不行为未能有效地执行劳动法律，（并把这种执行的情况）当作鼓励在其领土内收购、设立、保留或扩张一个投资。

（3）出于本文的目的，"劳工法"意味着涉及每个缔约方的下列法律、法规和规章：

（a）结社自由；

（b）有效承认的集体谈判的权利；

（c）消除一切形式的强迫和强制劳动；

（d）有效废除童工和禁止最恶劣形式的童工；

（e）消除歧视在雇佣和职业上；和

（f）关于最低工资、工作时间和职业安全与健康方面的可接受的工作条件。

（4）缔约方可提出书面请求与对方协商本条款中所提到的任何事项。对方应当在收到此请求后30天内对此磋商请求作出回应。此后，缔约双方应当进行磋商并努力达成一个令双方满意的解决方案。

（5）双方确认每一方可以提供适当的机会让公众参与本条款中的任何事情。①

3. 美国BIT范本中关于劳工权规定的特点及影响

2004年的美国的双边投资协定（BIT）范本是首批提出将劳工标准作为完整条款的协定之一，2012年新版的BIT范本更新并扩展了该项条款。美国的BIT范本关于劳工权的规定具有历史性的意义，其特点有以下几个方面：

一是美国的BIT范本对劳工权保护进行了全面而详细的规定。不仅在序言中明确强调要尊重劳工权，对劳工权实行保护，在协定的正式文本内容里专门设置了劳工权保护条款，充分显示了其对劳工权保护的决心。

二是对劳工权利保护范围进行了明确规定，2004年BIT范本规定的劳工权利包括"四项核心劳工权利"，2012年BIT范本则除

① 参见 http：//www.state.gov/documents/organization/188371.pdf.

了包括 1998 年国际劳工组织声明中的全部四项"核心劳工权益"外，还包括了该声明中未涉及的对劳动环境权益的保护。美国的BIT 范本中关于劳工权的规定已与国际劳工组织中的劳工标准接轨，这意味着国际投资协定对劳工权的保护已提高到一个新的水平。

三是在争端解决程序中涉及了劳工条款，在 2012 年新版范本中还规定了一个更加详细、更加适用的磋商程序，为与劳工有关的投资争议提供了解决途径，也为劳工权的保护提供了程序上的保护。

美国双边投资协定范本，其最初的制定目的是为美国的对外投资谈判设定一个框架性指导，以后美国与某个国家进行的双边投资协定谈判，都将以该范本为基础进行。从国际法角度看，美国的BIT 范本并没有法律效力。但是鉴于美国长期以来在世界范围内政治、经济等各领域具有一定的优势地位，与其进行谈判的缔约国经常采纳了美国的投资协定范本，即使稍有改动，也变化不大，特别是涉及的一些重要条款，完全服从于美国的范本表述。从美国2004 年、2012 年 BIT 范本的内容看，劳工权保护已经作为重要内容被写进投资协定中。就美国在双边投资协定中的地位和影响来看，美国的 BIT 范本内容的变化一定会成为各国双边投资协定改革的风向标，在不久的未来，劳工权保护条款将会作为一项重要内容写进各国的 BIT 范本中。

二、区域投资协定中的劳工权保护

为了促进和保护国际投资，推进国际投资的自由化以及规范化发展，国际社会一直致力于制定和签署各种各样的国际投资协定。目前的国际投资协定主要有三种，即双边投资协定、区域投资协定和多边投资协定。由于这三种国际投资协定的产生背景不同，制定目的不同，因而三者在规范各国的投资行为的作用上也不同。区域性投资协定是指在某一特定的地理区域内，各成员国为了协调成员国之间的投资活动，促进本区域的投资自由化而签订的区域性多边条约，它表现为两种形式：一种是专门为促进投资自由化而签订的投资协定，另一种是在自由贸易协定中包含的投资条款。目前，在世界范围内缺乏专门的多边投资协定，在此情况下，区域性投资规则也成为除了双边投资协定之外的对国际投资进行规范的重要的国际投资规则，在国际投资法中占有重要地位。① 自 20 世纪 80 年代以来，区域性投资规则发展迅速，《2018 年世界投资报告》显示，截至 2017 年末，国际投资协定共有 3322 项，其中包括 2946 项双边投资条约和 376 项"其他国际投资协定"，在近期的投资谈判中表现出了国际投资区域性发展倾向，这些投资规则有的专门涉及私人直接投资，有的在区域性自由贸易协定中包含有专门章节规范投资，还有的包含涉及投资的条款。

1. 《北美劳工合作协定》

《北美自由贸易协定》在世界经济区域化过程中占据着重要位置，具有重要的里程碑意义。它是在包括发达国家和发展中国家的自由贸易区相互之间进行合作的典范。北美自由贸易区是在一个由美国倡导，包括加拿大、墨西哥在内签署的"三边"协定的基础上而形成。北美自由贸易区内的三个国家经济体制不同、经济发展水平悬殊，它的成立对后来发达国家与发展中国家之间进行投资谈判产生了重要影响，如《能源宪章条约》的签订，以及后来流产的经合组织倡导的多边投资协定谈判。NAFTA 虽然是一个贸易协定，但是它设有专章来处理投资问题。它制定了促进和保护三国间投资自由化的国家投资规则，使投资规则成为北美自由贸易协定的核心部分。

《北美劳工合作协定》（NAALC）是《北美自由贸易协定》的一个侧面协定，它于 1994 年 1 月 1 日生效。它是在美国的主导下签署的，美国最初的意图是希望通过建立劳工合作机制，监督劳工法在墨西哥国内的执行，以便在世界贸易组织的多边体制下推行高水平的劳工保护标准，更加符合美国的利益。美国国会还以此协定的签署作为其同意加入 NAFTA 的条件之一。

---

① 卢进勇、余劲松、齐春生主编：《国际投资条约与协定新论》，人民出版社 2007 年版，第 119 页。

（1）NAALC 不是建立一套国际劳工权利保护标准，主要是通过签署此协定而去执行各国国内劳动法。"每一方应通过适当的政府行为促进遵守和有效地执行其劳动法。"关注国内劳动法是立足于与美国的谈判能够顺利进行，而不是与各国国内劳动法本身规定，但协定实施的执行力，也反映了墨西哥和加拿大的谈判者坚决反对对国际劳工标准所做的任何承诺。在加拿大，大多数的劳动法是以州为标准；在墨西哥，占主导地位的工会可以通过执行这些劳工标准以巩固自己的地位。

（2）NAALC 的基本原则。NAALC 包括以下基本原则：劳动组织权、组织权利的保护、集体谈判权、罢工权、禁止强迫劳动、保护儿童和未成年人、最低雇佣标准、消除就业中的国家歧视、男女同工同酬、预防职业伤害和疾病、职业伤害和疾病中的赔偿问题、移民工人的保护。这些原则已经远远超出在 1998 国际劳工组织宣言中所体现的劳工权的核心问题。NAALC 呼吁这三国政府通过这些标准和权利来提升自己的表现，然而，三国却没有强制性义务去这么做。事实上，在 NAALC 中，当事人甚至没有被明确削弱它们国内的劳动法：NAALC 第 3 条指出"各方有建立自己的国内劳动标准，并采取或修改相应的劳动法律、法规规定的权利。"实际执行的规定排除了处分或罚款、儿童权利、最低雇佣标准和职业健康与安全，结社和集体谈判的自由是最重要的核心权利。其中第 49 条规定，北美劳工合作协定中的劳动法，具体涉及保障职工的集体谈判以及罢工权、未成年人劳动保护、实行男女同工同酬、禁止就业歧视、预防职业病、工伤的赔偿标准等方面的法律事宜。

（3）NAALC 的组织结构。NAALC 设置劳动合作委员会，由部长理事会（劳动部长）和一个秘书处组成，并建立了一个制度结构以处理对国内劳动法不执行的投诉（"提交"）问题。除此以外，NAALC 还设立了一个包括三方部长理事会和国家管理办公室的专门管理机构，它有权对各国违反 NAALC 规定的情况进行调查指控、组织听证，公开处理情况报告的是国家管理办公室，三方部长理事会的主要职能是监督协定的执行。这种涉及机构较多的程序往往很繁琐，这在一定程度上影响了其职能的发挥。当一缔约方实施劳工标准权遇到阻碍时，特别是在遇到集体谈判权、自由结社权、罢工权等关于核心劳工权利的情况下，其通常做法是召集各缔约方的劳工部长进行磋商，而美国的国家事务部在此协商会议中起着决定性作用。为了保证较高的劳工实施标准，并促进该劳工标准在各缔约国国内的实施，《北美劳工合作协定》规定，缔约各方都有权建立自己的劳工标准，以配合《北美劳工合作协定》所规定的劳工标准的顺利实施。NAALC 还建立了包含部长理事会和秘书处两个机构的劳动合作委员会，部长理事会的主要任务是提供技术援助、举行研讨会以及进行培训，以促进缔约方之间的劳工合作。关于争议解决程序的规定主要在第 27~29 条，即当下列事宜不能确定时，双方首先可以协商解决：职工的安全健康长期不能得以保障、最低工资标准、未成年人权益保护问题，以及涉及技术性劳工标准等问题。如果通过磋商未果，理事会则可尝试通过其他方式解决处理上述问题，如调解、调停、斡旋等。如果运用此类方法未能解决相关问题，双方可适用共同遵守的劳工法律解决此类争端。另外，如果此类争议事项与贸易相关，则可将争端提交仲裁庭予以解决。

《北美劳工合作协定》第一次将劳工问题纳入国际投资领域的调整范围，是"劳资之间的贸易实施"的最强大的链接。然而，该协定未能满足美国的政治目标，即美国劳工运动反对北美自由贸易协定的进程，因为墨西哥的劳动力更廉价，担心美国资本外逃。虽然目前还不清楚美国劳工运动是否会支持任何自由贸易协定，不管其提交的劳工权利制度是否更具有有效性，但《北美劳工合作协定》的规定被美国劳工的领导认为不具有有效性。雇主代表同样反对北美劳工合作协定，担心这会为未来的贸易协定开创一个先例，在这个意义上，劳动权利的保护将被视为理所当然。劳方和资方的担忧其后得到应验：在美国大多数劳动权利协议中，劳工权利被认为是一项义务。NAALC 的基本理念促使国内劳动法的实施，从而经常作为模本被使用。

2. 欧盟与劳工权保护

（1）欧盟的劳工权保护概况

欧盟的劳工权利是社会权利的一部分，因此，其劳工权益保障是从社会权利开始的。欧洲理事会一直比较重视对劳工权的保护，在其通过的文件中，大多与劳工保护有关，其中最具代表性的是《欧洲保护人权与基本自由公约》（简称《欧洲人权公约》）和《欧洲社会宪章》。

在1989年的斯特拉斯堡峰会上，所有欧共体成员国（英国除外）签署了《欧共体基本社会权利宪章》，虽然这是一项政治性宣言，但是却包含有劳工保护的内容：劳工享有结社和集体谈判权，保障劳工的职业健康和安全，保护童工、年老者和残疾劳工的权利，保障职工享有社会福利，保障劳工享有磋商权。以上内容在1997年的《阿姆斯特丹条约》中再次得到了重申，《欧共体条约》的"联盟和公民"章节对此内容也进行了规定。

《欧洲人权公约》在欧洲人权制度的历史中占据着重要的地位，该公约第11条规定劳工享有结社自由的权利，并且规定国家为了保障劳工这一权利的实现，应当建立劳工权利防护体系，以防止有关政府故意降低劳工权利标准，并且有义务积极采取立法的方式保障工人享有组织、参加工会的权利，任何国家或公司不可以试图通过侵犯劳工的基本权利以获得竞争优势，如强迫工人从事劳动、禁止工人组织工会、禁止工人罢工、虐待童工或者违反劳工其他基本权利的方式。依照欧洲人权法院的认定，为了保护工人的利益，还规定工会的成员有权利促使该工会的意见被政府听取、采纳。公约第11条保障了工会成员可以通过参加工会甚至组织罢工等集体行动来保护自己的权利。但是，在实践中人权法院却对这些权利进行了间接限制，赋予国家在一定范围内有权决定工会的具体权利，以及国内法有权对工会权利的范围予以承认和保护，可见，欧洲人权法院对这些劳工权利的实施采取了极其谨慎的态度。①

除此之外，《欧共体条约》也对社会权利进行了规定，主要涉及不得因国籍而歧视劳工、实行男女同工同酬、男女享受平等待遇

---

① ［英］克莱尔·奥维、罗宾·怀特：《欧洲人权法原则与判例》（第三版），北京大学出版社2006年版，第402~403页。

原则；此外，还规定了人员的流动自由、公共健康等内容。欧盟在其签署的双边和区域贸易协定中，也都包含有劳工标准的内容，为劳工标准在全世界的推行，起到了积极作用。[1]

（2）欧盟区内的投资协定与劳工权保护

任何投资的进行必然伴随着生产要素的转移与流动，所以，欧盟条约与协定中的生产要素流动自由化条款就间接地为投资便利化提供了条件，而且，也只有生产要素自由化之后，才可能产生并促进投资的自由化。[2]

一是关于人员的流动。1951年签署的《建立欧洲煤钢共同体条约》，即《巴黎条约》，第69条第4款规定，成员国不得对不同国籍的工人进行任何歧视，特别是在工人的报酬与工作条件方面，但是对边境工人所采取的特别措施除外；为了保证社会保险安排不会对劳动力的流动形成阻碍，各个成员国尤其应致力于解决它们之间的任何事务。

1957年3月25日签订的《建立欧洲经济共同体条约》（后被改为《建立欧洲共同体条约》）第48条规定，废除成员国工人间的任何国籍方面的歧视，工人在就业、报酬及其他工作与就业条件等方面可以自由流动，这种自由应在共同体内得到保障，至迟到过渡时期结束。

二是劳务的自由流动。《建立欧洲煤钢共同体条约》第59条还规定，在过渡期内应逐步地废止对劳工在提供劳务上的限制，特别是劳务对象在其所属国家之外的共同体成员国内推广劳务的限制。第60条规定，在不妨碍有关设业权一章规定的前提下，提供劳务的人员可以在为之提供劳务的成员国中，根据该国对本国国民施加的同样条件，为提供劳务而暂时从事其活动。第62条规定，除非本条约另有规定，成员国不应对本条约生效之日已实现的自由

---

[1] 陈丽丽：《国际贸易——劳工问题的历史、冲突和应对》，载《国际贸易问题》2004年第5期。

[2] 卢进勇、余劲松、齐春生主编：《国际投资条约与协定新论》，人民出版社2007年版，第119页。

提供劳务，引入任何新限制。

《欧洲联盟条约》第73条对上述有关劳务的规定有了进一步的补充：如果对货物、服务和资本流通的限制仅限于与流通有关的支付方面，为了逐步取消此项限制，可类推适用本章规定和关于取消数量限制以及解除对服务自由的限制的各章规定。各成员国承诺：对于本条约附件三中开列的无形交易相联系的转让，不在它们之间引入任何新限制。这样，把《建立欧洲共同体条约》中对传统货物和工业中的劳务自由化规定扩展到了第三产业等无形交易领域，从而使得投资便利化的范围更加宽泛。

（3）欧盟与ACP国家的《科托努协定》

在欧盟对外签订的经贸与发展协定中均规定有人权条款，这充分显示了欧盟对于人权保护的重视，1995年欧委会还制定了一项人权保护条款的标准模式，用于指导欧盟与第三方签署的协定，主要包含以下内容：第一，条约的序言要明确规定对人权的保护，诸如尊重人权、民主理念等，并要规定人权保护的参考标准，如以国际、区域人权法律文件为参考标准均可；第二，协定的具体内容必须规定人权保护条款，并规定此条款为必要条件条款；第三，为了切实保证落实人权条款的履行，条约要规定不履行的程序条款，并在条约及协定附件中对人权条款进行解释，以便于适用上的一致性。① 更重要的是，协定规定了不履行人权条款的制裁手段，如果一方违反了人权保护条款，欧盟有权决定中止部分或全部协定内容，并可以采取制裁措施。欧盟有权对不履行行为采取法律制裁手段的这一规定，与国际劳工组织劳工公约的有关规定相比，有着较强的强制执行力。人权标准模式条款对国际法的劳工权发展具有重要影响。

2000年6月23日《科托努协定》在贝宁科托努签署，是一系列所谓的洛美公约的派生物，洛美公约管理欧盟和78个ACP国家

---

① European Commission, The Inclusion of Respect for Democratic Principles and Human Rights in Agreements between the Community and Third Countries, May, 1995.

的发展援助和贸易关系。协定于 2003 年 6 月 8 日全面生效，将运行 20 年，每 5 年修订一次。在劳工权利保护方面，《科托努协定》第一次将核心劳工标准列于欧盟签订的双边协定中，这是其进步和可取之处，具体表现在以下几个方面：

一是在序言中声明要尊重和保护人权，并陈述了其重要性，还列出了一系列可以作为参考标准的、与人权相关的国际法律文件，其中包括《联合国宪章》《国际人权宣言》《公民权利和政治权利国际公约》《经济、社会和文化权利公约》《维也纳人权会议公约》《消除一切对种族歧视公约》《欧洲人权公约》《禁止歧视妇女公约》《儿童权利保护公约》等。可见，其对劳工权的保护标准越来越高，也体现了欧盟保护劳工权的决心与力度。

二是《科托努协定》第 9 条规定，尊重人权、民主和法治是 ACP 与欧盟之间建立伙伴关系的基础和必要条件，这些原则也是各成员方协调其国内、国际各项政策的基石。

三是《科托努协定》第 50 条更是直接对劳工保护进行了规定：第一，协定各方重申它们遵守国际公认的核心劳动标准，此标准已由国际劳工组织定义并得到国际社会的认可，特别是禁止强迫劳动、保障劳工的自由结社和集体谈判权、禁止就业歧视、废除最恶劣的用工形式——童工；第二，各方同意加强在此领域执行方面的合作，包括对国内立法和工作规则的执行，并交换各自的立法和工作规则信息；第三，协定各方承诺不将劳工标准用于贸易保护主义。①

欧盟以核心劳工标准权利保护为基础，在欧盟所签订的双边经贸协定中列入劳工标准条款，并在投资条款中写入劳工保护条款，《科托努协定》已成为欧盟在其签订的双边经贸协定中促进劳工保护标准的范本代表。

（4）欧盟关于劳工权保护的特点与启示

无论是单方面的优惠制度，还是（广义优惠制度，GSP，与所

---

① 刘超：《欧盟对外贸易优惠中的劳工标准问题》，载《学术界》2008年第 6 期。

谓的美国《科托努协定》）双边、多边协议中包含人权的规定，都明确给出了劳工权利的参考核心。为了避免各国以降低劳工标准来获取竞争优势，欧盟希望各国就最低劳工保护标准达成共识，并就此共识达成区域协定，以防止各国将劳工标准变成展开不公平贸易竞争的武器。在一些公开场合，欧盟的诸多做法也显示了欧盟的这一态度。如在回应 2004 年 5 月国际劳工组织的报告（通信全球化的社会影响）时，欧盟委员会表示坚决反对任何制裁办法和举措，反对使用劳工权利作为保护主义的目的。相反，该委员会支持劳工权利列入世贸组织成员的贸易政策审议机制（TPRM），并在其自己的报告中列入劳动权利。欧盟将继续支持国际劳工组织、世界贸易组织和国际金融机构（世界银行和国际货币基金组织）之间加强合作。劳动权利也将得到欧盟双边关系支持。不过，虽然欧盟的政策要求在所有双边协议中将核心劳工标准合并，和劳工权利相比，欧盟其实侧重于人权的发展。从理论上讲，人权的条文也可以作为劳动维权投诉的依据。自 1992 年以来，欧盟与第三国的所有协议中包括了人权条款。条款指出尊重人权和民主（奠定于《世界人权宣言》）是"基本要素"，它适用于今天的 120 多个国家。侵犯人权的行为可能使欧盟终止本协议或暂停其经营的全部或部分。

3. 中国—东盟自由贸易协定中的劳工权保护

中国—东盟自由贸易区成立的目标，除了实现货物贸易和服务贸易的自由化外，还包括促进投资自由化，因此在协议中还包括投资的内容。2009 年我国和东盟十国签署了《中国与东盟成员国政府全面经济合作框架协议投资协议》（以下简称《投资协议》）。该《投资协议》签订的目的是建立一个自由、便利、透明及竞争的投资体制，为中国和东盟间的投资者及投资提供较高水平的保护。《投资协议》共包括 27 个条款。该协议规定，其目的是为了进一步促进双方投资的自由化和便利化，为此，双方应为对方的投资者创造一个公平、自由、透明及便利的投资环境，着力增强法律法规的透明度，相互给予对方投资者以优惠待遇，以便从法律上为双方的投资及投资者提供充分的保护。

在劳工保护方面，在 2004 年签订的《中国—东盟货物贸易协定》（CAFTA）作出了一些法律规定。首先，在其序言中规定："加强缔约各方在劳工权利保护方面的共同合作，以提高对工人基本权利的保护，并保证切实予以执行；为了改善劳工的工作条件，要努力在各自领域内为劳工创造新的就业机会，以提高劳工的生活水平；缔约各方应在劳工保护问题上作出各自的国际承诺。"除了序言的规定外，《中国—东盟货物贸易协定》第 60 条第 5 款对劳工保护作出了进一步规定："为了进一步提升劳工标准，缔约方之间要通力合作，共同建立一个劳工合作建设机制，以促进 182 号国际劳工组织公约和国际劳工组织宣言中所包含的核心劳工权利的实现。"虽然《中国—东盟货物贸易协定》对劳工保护方面作出了上述规定，但是对劳工权的保护范围、具体实施措施等方面并没有作出更进一步的明确规定，它只是以宣言的形式从侧面来承认国际社会所公认的劳工权利并作出了承诺，这与北美、欧盟较完备的劳工权立法体系相比，规定得过于笼统，也不够详细，在具体条款的规定方面还存在空白，特别是在具体的实施体制上还需要进一步完善，这方面可以借鉴北美、欧盟区域组织的相关规定。

4. 经济合作与发展组织跨国企业准则中的劳工权保护

经济合作与发展组织虽然通常不被认为是一个重要的政府间组织，但是在劳工权利方面它却有着重大影响力，在全球化的背景下，其制定的《经济合作与发展组织跨国企业准则》（以下简称《准则》）直接和间接地促进了核心劳工权利的发展。

（1）《准则》制定的背景

20 世纪 70 年代初跨国公司大规模的不道德和非法活动被披露，联合国、国际劳工组织、经济合作与发展组织和国家政府旨在用制定准则的方式来影响它们的行为，早期的活动如联合国试图起草跨国公司的行为准则，联合国大会采取协商一致的决议措施来打击跨国腐败行为，但未能进一步出台相应的法律文书。1976 年，经济合作与发展组织部长理事会通过了一项建议，题为"国际投资和跨国企业的宣言"。该"宣言"的首要目的是促进跨国投资，为此，"宣言"呼吁会员国尊重国民待遇（对外商控股企业给予国内企业同等待遇），最大限度地减少由不同的政府冲突对跨国企业（跨国公司）的影响，包括对投资透明的奖惩办法等。其中一个章节提出了跨国公司自愿的行为规则，这些规则是必要的、以促进投资。有人主张，为了鼓励跨国企业对经济发展和社会进步的积极贡献，应尽量减少并解决困难。《准则》是各国政府向跨国企业提出的建议，提出了符合法律的负责任经营行为以及企业应遵守的自愿原则与标准。《准则》的目标是确保跨国企业的各项业务符合政府的各项政策，强化企业与社会之间相互信任的基础，帮助企业改善外国投资环境，加强跨国企业对国际投资的可持续发展。《准则》包括：前言、概念与原则、一般政策、劳资关系、环境、信息公布、打击行贿、竞争、税收、消费者利益、科学技术等主要部分。这是迄今为止唯一由政府签署并承诺执行的多边、综合性跨国公司行为规范，它为成员国政府提供了一个向跨国公司提出要求并约束它们行为的准则。

（2）《准则》中关于劳工保护的规定

就业和劳资关系的章节包含在最后的"宣言"中。在"宣言"中提出了劳工权利工会代表、集体谈判、有意义地参与管理、没有歧视，同时《准则》也呼吁跨国公司在劳工权利方面，要做到以下几点：

● 尊重员工权利并由贸易工会和其他真正的组织代表在工作条件方面进行建设性谈判；

● 给予员工代表援助和信息；

● 对企业的情况提供真实而公正的信息；

● 研究就业和劳资关系标准不逊于在东道国雇主的研究；

● 利用训练和准备提升他们的劳动力；

● 提供关于经营变化，特别是对拟关闭和集体裁员的合理的事先通知；

● 避免就业的歧视性条款；

● 与员工代表进行善意谈判无不公正的影响；

● 授权员工代表就集体议价和劳动管理关系与管理代表进行谈判，管理代表有权对事项作出决定。

上述内容，归纳为如下内容：

一是企业应遵守各项核心劳工权利，要尊重代表雇员合法权利的工会及雇员代表的各项权利，对此核心劳工权的遵守，要符合有关法律的规定以及在普遍适用的劳资关系的框架内。企业可以自行或通过雇主协会平等地与这些代表进行磋商，提出建设性建议，以便与雇工就雇用条件达成一致意见；企业不得雇佣童工；企业不得采取任何形式强制或强迫劳工劳动；企业不得歧视职工，不得因性别、出身、肤色、种族、政见或宗教信仰不同而对其雇员实施不公平的就业与职业差别待遇，除非该措施与该职位的特殊要求有关。

二是为进一步提高职工的职业技能，要为职工提供培训，并保障职工的健康与工作安全。为提高职工的技术水平，相关政府主管部门在适当情况下要相互合作提供培训服务，在开展业务的过程中，应尽量多地雇用当地人员，并与雇员代表进行充分沟通，有步骤地采取措施以保证雇员工作过程中的职业安全与身体健康。

三是为促进雇主与雇员及其代表之间的良好沟通，以便与雇员达成有效的集体协议，要为雇员代表提供各种必要的便利条件，对于双方共同关注的事情，要创造条件以促使双方进行磋商与合作，如向雇员代表提供有意义的信息。为了能使雇员及其代表了解真实的公司，可以在适当情况下，向其提供企业整体状况信息，特别是对与劳工权利有关的企业信息不得隐瞒。

四是在程序方面，当企业经营情况发生重大变化，如公司即将倒闭，职工面临被集体解雇或解散的情况，并可能对其雇员的生活产生影响时，公司不能对有关情况进行隐瞒，而是要及时地通知其雇员代表和政府相关主管部门，以促使三方之间进行良好地协商与沟通，把可能对职工造成的不利影响，尽自己最大努力予以缓解或降到最低。当雇员行使集体结社谈判权时，企业不得进行压制或者置之不理，应当与雇员代表进行沟通谈判，商谈雇用条件；不能为了达到阻碍雇员行使结社权的目的，在谈判中对雇员施加不公平影响，如威胁雇员遭遇被解雇的危险，要从该企业设在其他国家的公司中调入其他雇员以替代，或者说将一个业务部门部分或整体迁出有关国家等。经授权的企业雇员代表可以与管理者代表就共同关注事宜进行协商，对与劳动管理或工资待遇有关的问题和企业进行谈判以达成共识。

（3）《准则》的实施对劳工权保护的意义

《准则》的实施主体是国家联络点与国家政府。《准则》下产生问题和冲突的初期阶段可以考虑通过国家联络点的服务解决。任何一方，包括 BIAC 、TUAC 和成员国，认为《准则》已被侵犯，可以咨询联络点。如果联络点不能解决双方之间的问题，它可以提交到经合组织的国际投资和跨国企业委员会（CIME）。CIME（致力于金融董事会，财政和企业事务）最终负责指导方针的制定和发展，CIME 将通过澄清或解释特定语言回应由国家联络点解决的纠纷。在这个解释的过程中涉及和 CIME 讨论以及与 BIAC 、TUAC 的协商。所有的 CIME 决定要求得到各会员国的共识。

《准则》在 1976 年通过以后，TUAC 积极寻求就业和劳资关系准则的解释，并导致发生了一系列的案件，在 20 世纪 80 年代末甚至超过了 40 个。它们明确的目标是影响跨国公司的行为和国家法律。事实上，TUAC 一贯主张《准则》只是对国家法律的补充。

跨国公司行为守则为跨国企业加强劳工权的保护，提供了具体的建议，虽然其建议主要是建设性与咨询性的，《准则》也不像国际公约那样具有国际法上的强制约束力，其本身并没有强制力，但是却推动了劳工权利在国际经济领域得以广泛应用。随着其影响范围的扩大，在跨国公司加强对劳工权利保护方面提供了立法建议。

第二节　国际投资协定制度本身的缺陷不利于劳工权保护

一、国际投资协定制度先天的片面性

跨国投资是经济全球化的重要特征，在经济全球化背景下，外国投资的机会往往超过国内投资的机会。现代跨国关系的快速发展也加速了这一过程。外国投资者，即东道国国家公民之外的其他国家的公民，传统上认为海外投资特别容易受到非商业性质风险的影响，如国有化、征收和其他监管措施，从而影响了投资者获得合法的预期利益。因为保护外国投资的国际习惯法标准一直存在着分歧，国际条约就成为国际投资法规范的主要来源。条约保护首先出现在友好通商航海（FCN）条约中，现代投资协定旨在促进国家间的商业合作。在国际投资协定中，双边投资协定（BIT）的数量是最多的。联合国贸易和发展会议发布的《2013年世界投资报告》显示，截至2012年末，国际投资协定共有3196项协定，其中包括2857项双边投资协定和339项"其他国际投资协定"。[1]　就数量而言，双边投资协定仍在国际投资协定中占据主导地位，在调整国际投资关系方面发挥着重要作用。这是因为BIT是主权国家之间签订的条约，而联合国国际法院的裁决仍然是国际公法的主要渊源；相反地，投资者与东道国政府间的投资协定不会对国际公法下国家的义务产生影响。现在BIT被广泛认为是保障良好的国际投资环境的基石。

作为目前国际上最重要的投资规范工具，双边投资协定经历了漫长的发展历程。最早的双边投资协定可以追溯到1778年美国与法国签订的第一个《友好通商航海条约》。[2]　当时的《友好通商航海条约》的主要内容并非是国际投资，其重点在于规范贸易关系，此类条约对于解决双边的经济争端起了重要作用。"二战"后，随着国际直接投资的发展，美国意识到保护海外投资者利益的重要性，于是对外签订保护投资者利益的条约开始成为其对外投资条约的主要内容，同时，由于通商航海条约的内容过于宽泛，并非是专门针对国际投资的条约，20世纪60年代以后，《友好通商航海条约》逐渐退出了历史舞台。[3]　在这一时期，民族独立运动兴起，许多发展中国家纷纷独立，刚刚取得主权的它们对外资采取了排斥的

---

[1]　UNCTAD：《2013年世界投资报告》（中文版），经济管理出版社2013年版，第106页。

[2]　余劲松主编：《国际投资法》，法律出版社2003年版，第212页。

[3]　卢进勇、余劲松、齐春生主编：《国际投资条约与协定新论》，人民出版社2007年版，第100页。

态度，作为当时的主要资本输出国，美国为了保护其海外投资以及私人海外投资者的利益，开创了海外投资保险制度。但是，这一制度并非真正意义上的双边投资协定。因为其只涉及对投资者们的赔偿救济，并没有直接规定对海外投资者进行保护。

20世纪50年代末，欧洲国家逐渐成为世界上主要的资本输出国，对外直接投资也成为其主要的对外经济交往形式，因此，一些国家为了对缔约国双方的投资行为进行全面的规范，开始缔结专门的双边协定以促进投资，1959年德国与巴基斯坦签订了世界上第一个双边投资协定，随后，其他的欧洲国家如英国、荷兰等资本输出大国也与发展中国家签订了类似的双边投资协定。1982年，美国与巴拿马签订了第一个美式双边协定。美式双边协定提倡高度的投资自由化，与欧式的双边投资协定相比，更加注重对外资的保护，美国凭借其强大的经济、政治、军事实力，将这种提倡投资高度自由化的美式双边协定在世界范围内推广，对后来各国的双边投资协定的制定都产生了深远的影响。虽然各国的BIT在结构和用语上会有所不同，但是，其核心都是资本输出国坚持要求东道国对外资提供特别保护，给予"非歧视待遇""公平与公正待遇"标准，以及如果海外投资者的投资收益被征收或者禁止汇出时东道国的赔偿问题，大多数双边投资协定对此类事项均作出了具体规定。

因此，从其产生上来看，双边投资协定是发达资本输出国制定的，是为其对外经济政策服务的工具。从一开始，双边投资协定就以保护资本输出国及其海外投资者的权益为主旨，其内容反映的是资本输出国的意志，强调的是作为东道国的发展中国家的外资保护义务，条约在涉及国家责任方面是片面的，这是其先天的、不可磨灭的深刻烙印。双边投资协定保护投资者利益的这一先天性特点限制了东道国国家主权的行使，削弱了主权国家对外资的监管，更谈不上保护东道国劳工的权利。因此，双边投资协定的法律条款对资本输出国比对资本输入国有利。虽然随着新的全球性成员的出现，受益人正慢慢转移，但这种先天性的、系统性的偏差仍然存在。

二、国际投资协定制定过程中公众参与的缺失

参与，是指对某一项事务进行计划、讨论并最终进行处理。具体来讲，是指具有一定主体资格的人，将自己置身于某项事务的整个过程，并以其行动对该事务的过程和结果产生一定影响。从现代政治意义上讲，参与是指公众介入到公共政策制定的整个过程，这一过程包括开发、决策、实施、评价等。而这里的公众概念是指"社会上大多数的人"。有学者认为，对公众这个概念的理解，可从个体和群体两个不同的视角来看。因此，个体的公众大多数情况下是指公民，而群体的公众则是指一定数量的、对特定利益作出反应的团体、机构及其他组织。所谓"公众参与"，就是指公民大众参与对于国家事务的管理，也就是说，一定的个人或社会组织直接参与到公共决策中，参与的方式可以是正式的，也可以是非正式的。在公共政策形成过程中，公众参与各种行为从而对公共政策施加了一定影响。因此，公众参与体现了公共意志和公共利益，是公共决策理念的一种表现，这种理念上升到法律权利的层次则具有法律效力，则无论是其确立还是实施过程，都必须经过法律的认可。公众参与在法律领域，表现为公众的参与权，是一切公民和社会群体参与公共决策的制定和实施，以通过法定途径表达自己意见的权利。

还有一个值得关注的问题是，尽管双边投资协定对主要国际投资项目（例如发电厂、水务及污水处理基础设施、垃圾填埋场、矿坑等）最终产生深远的影响，并为上述大型项目提供了基本的法律框架，但传统主义认为，这些投资协定是在公共领域之外谈判和缔结的，社会和非政府组织有关部门并未参与到协定的缔结中去。一般来讲，公民的意志可以间接地从他们参与制定的协定中反映出来，公民的信心也依赖于各国政府促进和保护人权的雄心壮志，既然协定的缔结缺乏公众的参与，保护劳工权益的条款也就不会在国际投资协定中出现。

三、晚近国际投资协定的高度自由化

晚近的国际投资受到新自由主义影响，全球经济呈现出自由化发展趋势，各国间缔结国际投资协定的基本或主要目的是促进国际投资自由化，进一步加强和注重对外资的保护，意图在全球范围内建立自由投资的统一大市场。在这一目的的推动下，国际投资协定中投资者与东道国权利义务关系出现了失衡，特别是20世纪90年代以来，世界投资自由化的倾向更加明显，各国为了不使自己在这一浪潮中被边缘化，都对外资表现出了开放的态度：一方面，以美国为首的发达国家大力鼓吹投资自由化理论，要求广大发展中国家打开国门，对外国投资实行自由化政策，实践中发达国家本身对外资采取了更为开放的政策；但发展中国家为了更多更好地吸引投资，放松了国家对来自发达国家外资的管制权，对外资普遍实行了更加开放、更加自由化的态度。这一投资自由化的趋势在双方缔结的国际投资协定方面也有所体现，具体表现在：国际投资协定的内容将对投资者利益的保护推向了极致，给予投资者的优惠待遇除了国民待遇、最惠国待遇、公平公正待遇外，在内容和范围上更加广泛，甚至还包含"超国民待遇"。同时，赋予投资者以广泛的投资权利；但是，却忽视甚至限制了东道国的主权权利，特别是主权国家对外资的控制权以及对国内环境、劳工权益等公共利益的保护，对投资者的社会责任缺乏规制。① 因此，在国际投资协定中，出现了投资者与东道国之间权利与义务不对等甚至严重失衡的现象，以至于一些评论员把《北美自由贸易协定》的投资章节称为"特殊利益集团的人权条约"②。

---

① 张光：《国际投资仲裁的公共利益风险及其防范》，载《理论探索》2010年第6期。

② J. Alvarez, Critical Theory and the North American Free Trade Agreements Chapter Eleven, (1997) 28, University of Miami Inter-American Law Review 303, 308.

第三节　国际投资协定实体法条款
对劳工权保护的局限性

国际投资法和国际人权法在其历史发展过程中原先是处于一种彼此独立的状态，国际投资规则基于保护投资者的权益而制定，鲜为东道国的公共政策行使留有一定的空间。20世纪80年代以后，随着投资领域范围的扩大，国际投资的迅速增长影响了国家的公共政策，当然也包括各国的劳工政策，国际投资和劳工权利之间开始建立法律联系，有关投资规则与劳动者权益保护之间的联系也开始引起一些学者的重视。

国家一般通过制定法律或其行政行为对外国投资进行管制，国家所制定的旨在保护公共利益的规定容易受到 BIT 条款的挑战，从而对国家的公共管理政策产生负面影响，也可能这种监管是出于人权问题或国际法所施加的劳工权保护义务，因此，国家所颁布或实施的有关劳工权方面的国内管理措施就会受到来自 BIT 条款的挑战，下面将对这些条款予以分析。

一、征收条款

BIT 没有试图禁止征用，但是直接或间接的财产征收必须是不被歧视的，出于公共目的，并伴随着及时、充分、有效的补偿，本身以公允的市场价值进行评估。这样的条款涉及国家在劳工权、土地使用、环境和公众的健康和安全等领域的人权监管，这将对外国投资产生足够的影响。

BIT 中具有最大争议的是间接征收，即非一般意义上的征收财产。法律在这方面没有明确的规定，有些人声称，国家采取措施的目的在决定是否构成征收方面起着决定性的作用，而另外一些人则反对这种说法。从国际投资仲裁的实践看，对于间接征收的认定标准，也存在着严重分歧，具体表现为"单一性质标准""单一效果标准""兼采效果和性质标准"。采取"单一性质标准"的典型案例是 Methanex 案件。该案仲裁庭最终裁定外国投资者的投资行为违法，理由是美国政府的行为是为了公共利益。具体案情如下：Methanex 公司是加拿大的甲醇生产商，它在美国加利福尼亚州设立公司生产化工制品，美国加利福尼亚州颁布了一项禁止使用特定化合物法案，该法案禁止该公司生产的一种危险化工制品甲基叔丁基醚（Methyltertiarybutylether）汽油添加剂，Methanex 公司认为，加利福尼亚州颁布的法案，违反了《北美自由贸易协定》中关于投资的规定，并认为该法律措施虽然是出于对公共卫生的保护，但是在效果上却等同于"征收"，并以此对美国政府发起国际仲裁程序，要求美国政府补偿其因此受到的损失 9.7 亿美元。但是仲裁庭却坚持认为，美国加州颁布的法案不是"等同于征收"的措施，而是作为一项一般国际法原则，"一项根据正当程序颁布的，为了公共目的实施的具有非歧视性的法规，是不被认为具有征收的特征或者需要给予补偿的，除非颁布法规的政府曾经给予外国投资者以具体承诺，即承诺该政府不会颁布此类法规，并且此项承诺影响了投资者的投资"。① 在本案中，美国加州颁布法律的目的不具有歧视性，而是为了保护本州的公共环境卫生；而且在服务贸易领域，根据美国先前发布的承诺表，并没有作出过此类承诺。由此案可见，虽然仲裁员在仲裁时具有较大的自由裁量空间，但是案件一旦涉及国家的根本利益、公共目的等就不能忽视，而是要考虑政府进行规制的目的，为公共目的而采取的政府管制不具有征收的性质，投资者不能因此得到补偿。因为环境保护、劳工权保护等公共利益问题不仅关系到一国的经济发展，也对全球经济的发展方向具有指引作用。

但是，许多仲裁裁决不认为这样的公共目的是正当的，在征收中国家意图是无关紧要的，国家只要是针对投资者的财产所采取的措施，监管措施无论多么值得称赞和有利于社会，国家可能都会面临赔偿义务。如在 Metalclad 案中，国际投资仲裁庭认为墨西哥颁布《生态法令》行为对美国 Metalclad 公司构成了征收，Metalclad

---

① Methanex, Corporation v. United States（Methanex），ICSID Case No. ARB/98/3, Pt IV, ch. D, para. 7.

公司因此获得墨西哥政府支付的赔偿金 1668 万美元。并称"没有必要考虑制定该法令的目的或动机"。① 其案情如下：美国 Metalclad 公司计划在墨西哥的 Guadalcazar 市建立一个有毒废物掩埋场，该案申请人曾经获得墨西哥政府的保证，即该项工程符合相关的环境标准和规制措施。事实上，该有毒废物掩埋场处于饮水水源上方，如果在此建立有毒废物掩埋场，很可能会污染居民饮用水源，危害公共卫生与健康，于是该项计划遭到了当地群众的抗议，迫于民众的压力，Guadalcazar 市政府宣布该地为国家稀有仙人掌保护区，并否定了该项建设许可计划。美国的 Metalclad 公司认为 Guadalcazar 市政府的行为构成了征收，并以此发起争端解决程序，要求 Guadalcazar 市政府给予一定的补偿。NAFTA 仲裁庭根据"单一效果标准"，认为墨西哥政府的行为违反了 NAFTA 第 1110 条的规定，采取了相当于征收的措施。因为"NAFTA 下的征收不仅包括直接剥夺财产，也包括对于财产使用权的间接干预……通过允许或容忍 Guadalcazar 市政府对于 Metalclad 公司的行为，被认为是采取了违反 NAFTA 第 1110 条的相当于征收的措施"。② 在此案中，国际投资仲裁庭认为，是否构成间接征收，与政府采取措施的动机或目的没有关系，政府措施给外国投资造成的影响和效力在决定是否构成征收方面起着决定性作用，只要投资者的财产权受到了政府措施的充分的限制并产生了征收的效果就构成间接征收，还认为 Guadalcazar 市政府本身履行《生态法令》的行为构成了一项相当于征收的措施。

例如，在 Biwater Gauff 仲裁案中，坦桑尼亚被认为违反了英国与坦桑尼亚之间 1994 年订立的双边投资条约中的征用条款③：在达累斯萨拉姆，一个英国—德国财团在一项供水和卫生基础设施的

① 参见 Metalclad v. Mexican, ICSID Case No. , ARB（AF）/97/1.

② 隽薪：《国际投资法制下的东道国人权保护困境及其应对》，吉林大学 2012 年硕士论文。

③ Biwater Gauff（Tanzania）Ltd. v. United Republic of Tanzania, ICSID Case No. ARB 05/22, Award, 24 July 2008.

升级和运行中中标，然而该财团中标后因计划不周而低估了项目的难度，遇到管理和执行困难后试图重新对合同进行谈判，被坦桑尼亚政府拒绝。坦桑尼亚政府试图通过占据水设施和篡夺管理控制权把事情掌控在自己的手中，因此投资者将坦桑尼亚政府诉诸国际投资仲裁庭，虽然因为各种原因最终该财团没有获得补偿，但是仲裁员裁定坦桑尼亚违反了双方签订的 BIT 条款，应当承担违约责任。

根据上述的"单一效果标准"，虽然并非所有的政府管制行为都属于间接征收，是否构成间接征收也并不考虑措施的目的，而是根据政府干预的客观效果而定，如果不构成间接征收，也仅仅是因为没有达到构成征收应有的效果。这种做法，将东道国政府实施管制措施的动机与目的置之不理，是一种明显保护投资者利益或者维护资本输出国利益的判断标准。在此标准下，东道国政府保护本国公共利益的目的遭到了仲裁庭的否定，完全无视东道国的主权权利，由此可以推定，东道国政府为履行本国的劳工权保护义务而采取的措施易于被仲裁庭判定为构成间接征收，从而不利于国家履行劳工权保护义务。即使投资者认可国家的这种管制措施属于权力范围，但究竟是否属于国家容许和非予以补偿的监管权力，仍然不能确定。

考虑到监管的影响、目的、合法投资者预期、干扰的程度和强度，面临危险的利益的重要性，甚至是国家措施在应用中的习惯等，渐渐地，在上述两种观点之间似乎出现了一个折中论，即所谓的"兼采效果和目的标准"。近年来一些 BIT 范本也对间接征收的认定采用"兼采效果和性质标准"，并从法律层面对其进行规定，如中国—印度 2006 年 BIT 议定书第 3（2）条的规定，该规定反映了征收条款的最新发展趋势。也有观点认为，如果国家监管在下列范围内，就不构成间接征收：非过度善意税务、打击犯罪、公共卫生、公共安全、出于保护文化财产的需要，环境管制和人权方面是否属于此范围仍然存在着分歧。总之，关于征收的立法还保留有大量的不确定性的地方。然而在仲裁裁决中，监管目的越来越作为一个因素被考虑，当然国家在管理与劳工权有关的公共事务时，也有可能会继续发现自己陷于征收案件的索赔中。

上述间接征收构成问题的讨论反映的是保护外国投资者财产权利与东道国维护劳工权等公共利益之间的矛盾，目前也尚无案例明确表明投资仲裁庭在确定一国征收补偿标准时考虑到了东道国所应承担的人权保护义务。间接征收标准的不确定及仲裁庭解释的随意性都使得东道国采取劳工权保护等监管措施会面临一定赔偿风险，从某种程度上也削弱了东道国行使劳工权保护等国内监管措施的效力。

二、公平与公正待遇条款

BIT 中最关键部分是最低待遇标准，也称为公平与公正待遇（FET）。一些公平与公正待遇条款也指按照国际法准则或其他协定规定所涉及的待遇。公平与公正待遇的规定是非常灵活的，在不同的背景下有不同的理解，很难给它下个统一的、广泛适用的定义。有学者总结，国际投资协定对公平与公正待遇的规定包括下列两种情形：（1）不附加任何条件的公平与公正待遇。例如，1995 年《西班牙与墨西哥双边投资协定》第 4 条第 1 款规定："缔约任何一方投资者在缔约另一方境内所作的投资应当获得公平与公正待遇，以及给予任何第三方投资者投资的待遇。"这种规定对于给予公平与公正待遇看起来没有附加任何条件，也没有限定其适用范围，但是很容易被国际仲裁庭作随意解释，从而使公平与公正待遇变成了高水平的外资待遇标准，既不受国际法的约束，又提高了对外资的待遇标准门槛。（2）与国际习惯法中的"最低待遇"标准联系起来。例如 2004 年的《美国双边投资条约范本》第 5 条规定："最低待遇标准是指：1. 每一缔约方应给予涵盖投资以符合习惯国际法的待遇，包括公平与公正待遇及充分的保护与安全。2. 确切地说，第 1 款规定的给予涵盖投资的最低待遇标准即习惯国际法给予外国人的最低待遇标准。"①

这些条款的开放性特征为仲裁员提供了可裁量的空间，在公平

---

① 徐崇利：《公平与公正待遇：真义之解读》，载《法商研究》2010 年第 3 期。

与公正待遇领域，国际投资仲裁庭解释碎片化的特点是显而易见的。一些法庭似乎要求投资者事前知道所有的规则和法规，以控制他们的投资；而其他法庭似乎把重心放在国家行使主权的监管权力方面，并指出，任何商人或投资者知道，法律将随着时间而演化。然而值得关注的是一个国家在行使其立法权中所表现出的不公平、不合理或不公正。当东道国因为关于劳工权问题或规范未能遵守最低标准而进行行政、立法、司法活动，并因此引发投资索赔要求时，公平与公正待遇条款就可以与劳工权问题联系在一起。现代政府管制的程度和公平公正待遇标准的广度的冲突可能会出现在许多领域，包括但不限于劳工的权利、原住民权利、公众健康和安全、环境治理、可持续发展和水权利。例如国家为履行国际强行法上规定的保护人权的国际义务，禁止外国企业在国内采取非法的用工方式，如强迫劳工劳动或采取其他奴役性措施，外国企业即可以东道国违反了投资条约中的公平与公正待遇义务向国际投资仲裁庭发起争端解决程序。如 2007 年发生的 "Piero Foresti 等诉南非案"①，案情如下：投资者 Piero Foresti 是意大利人，其在卢森堡的一家控股公司在南非设有子公司，南非政府为了保护国内的劳工享有平等的就业权，禁止种族歧视，在其颁布的《黑人经济授权法》中规定，外国投资者及外国投资企业在获得南非政府的许可后，在其境内开发本国矿藏时，应按规定雇佣黑人或者其他南非人（因历史原因处于不平等地位）担任经理，这些人应在公司占有 26% 的股份。2007 年 8 月，Piero Foresti 及其在卢森堡的控股公司认为，该法令违反了南非与意大利及卢森堡间投资条约中的"公平与公正待遇"条款，并以此为由提起国际投资仲裁程序。在此案中，投资者进一步指控南非政府的立法，指责强制其聘用历史上处于不利地位的南非人担任经理，违反了公平与公正待遇的规定。在最后的仲裁裁决中，仲裁庭认为东道国违反了公平与公正待遇条款，对于东道国所承担的保护劳工权的国际义务并未加以考虑，从而作出了

---

①　参见 Piero Foresti, et al. v. Republic of South Africa, ICSID Case No. RB（AF）/07/1（31 August 2007）.

有利于投资者的裁决。这样的裁决结果，有人认为在国际投资法的文史记载中是从来没有过的，即为了排除违反 FET 的条款而竞相违反劳工权等人权保护义务，这将是不可接受的。相反，对劳工权侵害的补偿应由东道国支付，在这一点上，BIT 本身几乎没有任何指导，也没有一致的仲裁判例。

上述案例提出一个问题，何谓"公平与公正待遇"？违反公平与公正待遇的底线是什么？晚近仲裁实践表明，国际投资仲裁庭对于公平与公正待遇标准的解释既可以是扩张性的，也可以是限制性的，归结起来甚至可以达到十余种。因此，一方面，仲裁庭在解释和适用该待遇时表现出"碎片化"特征；另一方面又总结出了几个被认可的该待遇标准所包含的要点或构成要素。这些要素主要包括：透明度、善意原则、正当程序、适当注意。这些要素既可以单独使用，也可以结合起来使用。在大多数仲裁庭的意见中都提到了正当程序和适当注意两个要素，习惯国际法最低待遇标准的内容也被认为涵盖了这两个要素；透明度和善意原则却似乎超出了最低待遇标准的范围。有学者对是否违反公平与公正待遇的标准进行了归纳，其要点包括："公平与公正待遇要求提供稳定和可预见的法律与商业环境；不影响投资者的基本预期；不需要有传统国际法标准所要求的专断和恶意；违反公平与公正待遇条款必须给予赔偿。"[①]以此理解，倾向于对公平与公正待遇作扩大化解释，这提供了公平与公正待遇的适用标准，实践中许多国际投资仲裁庭甚至将公平与公正待遇条款视为国际投资条约中的"帝王条款"，并在实践中加以广泛应用。仲裁庭的这种做法，要求东道国给予投资者的保护标准与待遇更高，从而有可能限制东道国主权管制行为的行使，如果不加以限制，将会给劳工权等社会公共利益的保护带来不利影响。例如，在 2006 年审结的"野村证券诉捷克案"[②] 中，仲裁庭认为，

---

① 余劲松、梁丹妮：《公平公正待遇的最新发展动向及我国的对策》，载《法学家》2007 年第 6 期。

② 参见 Saluka Investments B. V. V. Czech Republic, UNCITRAL Arbitration, Partial Award Issued on 17 March 2006.

公平与公正待遇标准就包含有要求东道国为外国投资者提供稳定的法律和商业环境。该案仲裁庭进一步指出，投资者在作出投资决策时，对东道国现有法律和商业环境进行了系统评估，评估的结果影响了投资者的投资，因此，在投资者投资以后，东道国政府所采取的管制措施，即使不是更加鼓励外资投入，至少不应为外资的投入制造障碍，双边投资协定中的公平与公正待遇标准应该作出上述理解。如果东道国未能保持法律和商业环境的稳定，就等于违反了公平与公正待遇标准。更有仲裁庭认为，投资者作出投资决策时是依赖于当时的法律和商业环境，在投资以后东道国的法律和商业环境超出了投资者的预期，则加大了投资者的投资风险，因此东道国有义务维持投资者投资时所预期的稳定的投资环境，这是给予东道国的义务，东道国应始终如一地履行此项义务，否则投资环境的改变，就导致投资的结果背离了投资者的预期，东道国应当对投资者的损失承担赔偿责任。这种观点所给予的待遇标准超出了传统的习惯国际法标准。传统习惯国际法最低标准认为，只有当政府行为在主观上是恶意的、故意忽视其义务、一意孤行的才是违反了国际最低待遇标准，此标准是通过 20 世纪 20 年代的"尼尔（Neer）案"确立起来的。

近年来的国际投资仲裁案例中，国际投资仲裁庭对公平与公正待遇做了从宽解释，仲裁庭的这种做法，提高了公平与公正待遇的标准，要求东道国给予投资者的保护标准与待遇更高，从而有可能限制东道国主权管制行为的行使，并使投资者索赔的门槛降低，更加有利于对投资者的保护，但对于东道国来说，其合理性却值得商榷。例如 20 世纪 90 年代末，阿根廷爆发了严重的经济危机。此前，根据美国生产者价格指数（US-PPI），公用设施许可证持有人享有调整价格的权利，针对国家面临的困境，2002 年 1 月 6 日，阿根廷政府颁布法令取消了上述权利，并且规定，公用品的价格将按 1:1 的汇率用比索计算。这一措施给美国的投资者 CMS 公司造成了不利影响，于是 CMS 公司认为阿根廷颁布的有关法令，违反了美国—阿根廷双边投资协定（以下称《协定》）的规定，违反了公平与公正待遇标准并构成间接征收，并以此为由向仲裁庭提起争端解决程序。该案的仲裁庭认为：首先，阿根廷采取的有关措施不构成间接征收，因为投资者仍然对其投资享有所有权和控制权；但是，这些措施却违反了《协定》中的公平与公正待遇条款，因为阿根廷采取的这些措施改变了阿根廷燃气行业原有的法律环境。针对美国 CMS 公司的诉讼，阿根廷提出了抗辩，认为其所遭受的经济危机属于《协定》第 11 条规定①的国家处于危急情况之情形，属于国家的正当行为。仲裁庭却认为："一个国家有权自由决定采取的措施，但是该措施一旦受到质疑，就要由审查机构就该国的情况是否达到危急情况的要求进行实质审查。"② 因此，双方争议的焦点是阿根廷的经济危机的程度是否达到了仲裁庭认可的危急情况，危机的严重程度是否危及国家的"根本安全利益"，是否可以适用《协定》第 11 条的规定。仲裁庭在考察了阿根廷当时所处的经济状况，却认为阿根廷所处的危急情况不属于极其严重事件，因此，"除非是情况极其严重导致经济完全崩溃，否则《协定》的保护就要优于危急情况例外，尽管阿根廷的危机很严重，但是并没有令经济和社会完全崩溃，而且也不存在令政府失去其他选择的不可抗力"。③ 如上所述，CMS 案仲裁庭的解释令人难以接受，在阿根廷面临如此严重经济危机的情况，仍然不认为阿根廷政府采取的措施是在国家处于危难时刻，是为了维护国家根本利益而作出的，反而认为这些措施并非是正当的，其改变了阿根廷原有的法律和商业

---

① 《协定》第 11 条规定：本协定不排除缔约方为了履行与维护或恢复国际和平安全之义务，为了保护本国根本安全利益或者为了维护公共秩序而采取的措施。

② CMS 燃气传输公司诉阿根廷共和国案（ ICSID Case No. ARB /01 / 8），2005 年 5 月 12 日仲裁庭裁决，第 373 段。[CMS Gas Transmission Co. v. Argentine Republic，(ICSID Case No. ARB /01 /8)，Award of the Tribunal，May 12, 2005, para. 200.]

③ CMS 燃气传输公司诉阿根廷共和国案（ ICSID Case No. ARB /01 / 8），2005 年 5 月 12 日仲裁庭裁决，第 373 段。[CMS Gas Transmission Co. v. Argentine Republic，(ICSID Case No. ARB /01 /8)，Award of the Tribunal，May 12, 2005, para. 200.]

环境，进而违反了《协定》中的公平与公正待遇标准，应该承担违约责任，给予 CMS 公司一定的经济补偿，这样的解释似乎显得有些极端。依此解释，东道国所承担的保持原来的法律和商业环境义务必须遵守，无论发生任何情况，哪怕是国家发生了如此严重的经济危机，也不例外。这样解释的实质是漠视东道国的公共安全与利益，将保护外国投资者的利益视为首要任务，由此推定，当投资者利益与劳工权利发生冲突，仲裁庭也不会支持东道国采取措施保护劳工权益。笔者认为，一国的经济发展环境不可能总是平稳的，在面临突发事件或者经济危机时，国家为保障公共健康、经济安全，有权且必须采取相应的措施应对或调整，这是其国家管理职能所使然，这在某种程度上影响或者改变原来的法律和商业环境也是不可避免的，如果以此为由，指责东道国违反了公平与公正待遇，显然是说不过去的。

类似的案例还有 2007 年审结的"西门子公司诉阿根廷案"①，仲裁庭依然认为，公平与公正待遇标准要求东道国不得损害外国投资者在决定作出投资时的合法期待。这种只考虑投资者的预期是否实现，而不考虑东道国行为动机与目的的解释同样令人难以信服。某些仲裁庭认为，东道国国内的投资环境或者对投资者作出的有关承诺或保证影响了投资者的投资决策，投资者的预期建立在此基础之上，如果东道国后来采取的行为措施改变了投资环境或者与其保证或承诺不一致，投资者的基本预期就无法实现，甚至使投资者受到损失，由此认为东道国违反了公平与公正待遇，要承担相应的赔偿责任。这种解释不从东道国的实际情况出发，不考虑东道国采取措施的主观动机，仅仅从投资者单方的角度去看问题，客观地考虑投资者的预期是否实现，是有失偏颇的。笔者以为，在分析此类问题时，要从动态的角度、要用发展的眼光去看问题，当东道国为保护东道国人权、维护国家安全、保护环境等公共利益而行使政府的管理职能时，只要在主观上是善意的、非歧视性的，就应当认可政

① 参见 Siemens v. Argentina, ICSID Case No. ARB/02/8, Award and Separate Opinion Issued on 6, February, 2007.

府所采取措施的正当性，由此影响了投资者的基本预期甚至导致其难以实现，也是在所难免，东道国的管理行为也不应被认定违反了公平与公正待遇条款，不需承担任何赔偿责任。

上述案例充分说明，公平与公正待遇定义的开放性以及仲裁庭的扩大化解释，大大提高了其适用标准，在不同的案例中 FET 已被成功调用，成为维护投资者利益的工具，它们对于投资者有一定的吸引力，对国家主权管理方面却具有一定的约束力。

三、非歧视性待遇条款

除了刚才提到的公平与公正待遇保护的绝对标准外，在 BIT 条件下，投资者通常进一步要求东道国给予其不低于本国投资者或者给予第三国投资者的同等待遇，即国民待遇和最惠国待遇。这些都是相对的标准，他们不要求提供特定程度的保护，而是简单地确保外国投资者并没有受到比国内投资者较差的待遇（NT）和不歧视任何来自第三国的外国投资者（MFN）。根据后者，以确保投资者享有东道国签署的其他投资协定中包含的实体性和程序性优惠待遇。某些 BIT 还包括一个额外的不歧视条款。

尽管看起来很简单，但是这些标准提出了许多棘手的法律问题，例如在投资环境上如何做到非歧视。第一，必须建立适当的比较对象；第二，确定给予了比较对象何种待遇；第三，如果待遇不相同，必须判断政府的行动是否正当，即东道国所采取的政策是否有一个合理的理由；第四，所有可变因素都指向监管措施、对投资者的影响（可以是直接或间接）以及东道国的意图。

（一）国民待遇条款

国民待遇制度，是国际法中的一个较古老的待遇制度，主要规定的是一个国家给予在本国境内的外国人在民商事方面的待遇。其通行的基本含义是："外国人同内国人在享有权利和承担义务方面，享有同等的法律地位，即国家提供国内立法授予或签订国际条约（双边或多边）承担义务承诺给予外国人所享有的民商事权利，不得低于本国人所享有的同等权利。依此，国民待遇制度所要解决的是外国人在东道国享有同内国人同等的民商事权利，其适用对象为外国人。"① 在国际投资法中，国民待遇是要求东道国给予外国投资者的投资和与投资有关的活动以不低于或等同于内国投资者的投资和与投资有关的活动的待遇。② 国民待遇条款被广泛运用于国际经济法领域，例如 WTO 中就有关于国民待遇原则的规定，具体表现为 GATT 第 3 条的国民待遇条款。在国际投资法领域，国民待遇原则也被广泛适用，目前各国所签订国际投资协定以及包含国际投资内容的自由贸易协定也都规定了国民待遇条款。不同的是，与国际法领域的其他国民待遇条款相比较，投资协定中的国民待遇条款在此问题上的规定略显简单。如《北美自由贸易协定》（NAFTA）第 1102 条第 1 款规定："每一缔约方给予另一缔约国投资者及其投资的待遇应不低于它在类似情况下在投资的设立、取得、扩张、管理、经营、运作和出售等方面给予本国投资者及其投资的待遇。"③ NAFTA 的这条规定相比 GATT 第 3 条第 4 款，明显缺少了限制性规定。NAFTA 扩大了国民待遇的适用范围，将其提前到可以适用于市场准入阶段。在学术界和国际投资仲裁实践中，关于国民待遇条款的适用范围存在争议，主要集中在"竞争概念"和"相似情形"两个方面，这就为仲裁庭的适用解释留有空间。下面以"Occidental 诉厄瓜多尔政府案"④ 予以说明。Occidental 是一家美国公司，Petroecuador 是厄瓜多尔本国境内的主要石油出口商，在厄瓜多尔境内，Occidental 公司作为投资者与 Petroecuador 合作勘探生产石油多年，依据厄瓜多尔的相关规定及双方的合作合同，Occidental 公司一直享受厄瓜多尔政府给予的增值税出口退税待遇。厄瓜多尔税务部门于 2001 年拒绝允许 Occidental 公司继续

---

① 张庆麟：《外商投资国民待遇若干问题之辨析》，载《法学评论》1998 年第 1 期。

② 余劲松、吴志攀主编：《国际经济法》，北京大学出版社、高等教育出版社 2000 年版，第 263 页。

③ 卢进勇、余劲松、齐春生主编：《国际投资条约与协定新论》，人民出版社 2007 年版，第 148~149 页。

④ See Occidental Exploration and Production Company v. Ecuador, Final Award, UNCITRAL, 1 July, 2004.

享受增值税出口退税待遇，原因是：依据 Occidental 公司与
Petroecuador 新的利润分配规则，增值税退税已经包含于利润中，
并且税务部门认为，同样的待遇适用于厄瓜多尔本国的主要石油出
口商 Petroecuador。在此情况下，Occidental 公司认为厄瓜多尔税务
部门采取的措施违反了国民待遇原则，并依据美国—厄瓜多尔签订
的双边投资协定中的国民待遇条款发起仲裁程序。Occidental 公司
认为，该措施并不适用于其他非石油领域（如海产品、鲜花）的
出口商，他们还可以继续享受厄瓜多尔政府所给予的增值税退税政
策。同为出口商，却没有被给予同等的待遇。Occidental 公司的诉
求认为，对国民待遇适用范围的解释应该扩大化，"竞争概念"不
能仅限于国内同行业的企业，也包括其他领域的投资者与企业。与
此相反，厄瓜多尔政府却认为，其本国税务部门的措施并无不当，
该措施并未违反美国与厄瓜多尔之间的 BIT 条款中关于国民待遇标
准的规定，因为双方投资协定中的"相似情形"是有适用范围的，
只能适用于同一经济领域的竞争者之中。并且认为，Occidental 公
司在厄瓜多尔境内的石油出口领域的竞争对手是 Petroecuador，而
Petroecuador 同样也不能继续享受增值税退税政策，因此厄瓜多尔
政府对 Occidental 公司并未实施差别待遇，本国税务部门所采取的
措施并不违反国民待遇。针对争议双方对于国民待遇条款的不同意
见，该案的 ICSID 仲裁庭对投资保护规则中的国民待遇条款的适用
范围作了宽泛的解释，支持了 Occidental 公司的诉求，作出了对厄
瓜多尔政府不利的裁决，并作出了以下的分析：协定中的国民待遇
条款制定的目的是为了保护投资者，以避免投资者在当地企业竞争
中被歧视，因此从条约订立的目的出发，不能从窄理解条约中的
"相似情形"，并且不能只限定于针对某一特定领域的措施。显然
仲裁法庭采取了广义的观点，在关于国民待遇的阐释中第一次明确
地拒绝了"竞争"概念的作用，对"相似情形"的概念给出了一
种广义理解，完全否定了"相似情形"的适用主体是同行业中彼
此形成竞争对手，同时认为，即使 Occidental 公司与 Petroecuador
之间是处于不同领域，彼此之间没有直接的竞争关系，但是它们都
是出口商，那么在本质上应该是一样的，也会给予同等的待遇标

准，这显然是对国民待遇的适用范围作了广义的解释，是有利于投资者的。事实上 ICSID 仲裁庭的这种解释方法上的错误，导致了比较严重的后果：在 Occidental 案后，厄瓜多尔政府宣布退出公约，这给予 ICSID 仲裁庭以重大打击。仲裁庭任意援引和解释有关规则，过度保护投资者，对东道国劳工权保护的影响也是显而易见的：国家所采取的保护劳工权的管理行为随时都可能面临投资者的索赔。

（二）最惠国待遇条款

关于最惠国待遇的起源，学者们有不同的说法，一说起源于 12 世纪国内法，一说起源于 15 世纪的通商航海条约。[1] 在国际投资协定中的最惠国待遇，是指根据协定，缔约国一方有义务将给予缔约国他方不低于其给予任何第三国的待遇。也就是说，无论何时缔约国一方给予第三国更优惠的待遇，缔约国他方均有权要求享受这种新的更优惠的待遇。几乎所有的双边投资协定都规定有最惠国待遇条款。[2] 为了能对本国海外投资者提供充分的保护，作为资本输出国的发达国家往往要求，在签订的双边投资协定中要包括国民待遇和最惠国待遇两个条款，以便本国投资者可以享有两者之中更优惠的待遇，国民待遇与最惠国待遇也往往相互依赖，相互补充，共同发挥作用，是国际投资协定中的重要条款。关于最惠国待遇条款，目前大多数国际投资协定中最惠国待遇条款的规定都较为概括，都未对其适用范围作出明确的规定，学术界对此也存在争议，同时，国际投资仲裁庭对最惠国待遇条款的适用范围也有着令人捉摸不定的解释。先来看两个案例：在 2005 年"帕拉马公司诉保加利亚案"[3]（以下简称"帕拉马案"）中，塞浦路斯的投资者帕拉马公司援引塞浦路斯与保加利亚投资协定中的最惠国待遇条款，要

---

① 余劲松、吴志攀主编：《国际经济法》，北京大学出版社、高等教育出版社 2000 年版，第 173 页。

② 余劲松、吴志攀主编：《国际经济法》，北京大学出版社、高等教育出版社 2000 年版，第 263 页。

③ Plama Consortium Ltd. v. Bulgaria, ICSID Case No. ARB/03/24.

求适用第三方协定中的投资争议仲裁条款，从而将争端提交仲裁庭解决，但是，帕拉马公司的仲裁请求却遭到了仲裁庭的拒绝。仲裁庭认为，两国投资协定中的最惠国待遇条款并没有明确规定其适用范围，只是作了一般的概括式规定，并没有明确说明投资争议条款能否通过最惠国待遇条款的援引而得以适用，仲裁条款的规定不够清晰明确，因此，仲裁庭不能支持投资者援引基础协定中最惠国待遇条款的主张，也就是说，仲裁庭拒绝对最惠国待遇条款的适用范围进行扩大化解释。但是，在与此案例类似的另一案例中，仲裁庭却作出了截然相反的裁决，这使得仲裁庭在最惠国待遇问题上的解释变得捉摸不定：在 2005 年的英国投资者罗斯投资公司诉俄罗斯案，即"罗斯案"① 中，英国投资者罗斯投资公司要求通过最惠国待遇条款的援引，适用第三方《丹麦—俄罗斯 BIT》下的争议解决条款，将其与俄罗斯之间的争端提交仲裁庭解决。在此案中，仲裁庭支持了英国投资者罗斯投资公司所援引的争议解决条款，使得罗斯投资公司依据基础条约 1989 年《英国—苏联 BIT》下的最惠国待遇条款，适用了《丹麦—俄罗斯 BIT》下的争议解决条款。很显然，仲裁庭认为可以将最惠国待遇条款适用范围扩大至争议解决事项，对最惠国待遇条款做了扩大化解释。由此可见，对于是否应对最惠国待遇条款的适用范围作扩大化解释，仲裁庭的态度前后矛盾，这使得作为缔约一方的东道国在最惠国待遇条款的适用范围上变得很被动。"罗斯案"使得最惠国待遇条款的功能发生了变化，不再是仅限于避免东道国对不同国家的投资者实行歧视待遇，还为投资者提供了如下便利，即通过援引最惠国待遇条款，可以绕开这一条款的例外规定，从第三方条约中"挑选"对其有利的条款，以使自己得到协定保护，这种利用方式甚至超出了缔约国的意图。情况类似的案例仲裁庭却给出了两种不同的解释。在最惠国待遇适用范围问题上有不同的意见是正常的，关键是国际投资仲裁庭的哪种解释能够真正反映缔约国的意图。同一缔约国与不同国家签订

① Rosinvest Co. UK Ltd. v. The Russian Federation. SCC Case No. ARB, V079/2005.

BIT时的背景情况不一样，缔约目的也不同，每一个条约都有着其具体的考虑，在此条约中出现的规定不一定出现在另一个条约中，这种情况反映在条约文本的表述也是不同的，仲裁庭如果只从保护投资者权利的角度作出解释，对缔约国的意图任意猜测，那么其结果必然使得东道国与投资者的权利义务关系失衡，限制了东道国的主权管理权，进而损害东道国的公共利益。

如上所述，国家对包括劳工权在内的公共利益的调控被忽略，如何在投资者保护和国家管制权之间保持适当的平衡，目前还没有明确和统一的法理来指导决策者，不歧视条款同样难以做到，除非有明确的规范标准加以确定，在这里，国家对公共目的进行调控的理由凸现，很有可能的是，不歧视条款的规定将削减东道国采取的落实各项人权的政策——劳工、工业、环境、财政和卫生监管等的有效性。不歧视条款的规定对人权的影响是不难察觉的。以迈尔斯仲裁案为例，在此仲裁案中，给予外国投资者不同待遇的环保理由被拒绝。仲裁庭以裁决的证据又一次表明了法庭的猜测：东道国具有歧视性的贸易保护主义意图。与其他仲裁裁决相比较，仲裁庭主要考察了国家监管对投资者进行调控的实际效果，而没有考虑国家的目的或动机。国家努力促进平等或多样性就业机会的行动，可能会使仲裁庭在歧视性意图和对投资者影响两者之间进行衡量，因为仅对特定的投资者予以限制是不被允许的，此举违反了不歧视待遇原则。

四、保护伞条款

近十多年来，许多投资协定中都开始纳入"保护伞条款"。据估计，在现有的BIT当中，有大约40%的BIT规定了保护伞条款。双边投资协定中的保护伞条款，一般被表述为"缔约方须遵守其对缔约他方投资者（及其投资）所承担的（任何）义务或承诺"。① 虽然在不同的条约中，用语会有所差异。例如1959年在德

---

① 余劲松：《国际投资条约仲裁中投资者与东道国权益保护平衡问题研究》，载《中国法学》2011年第2期。

国与巴基斯坦缔结的首个 BIT 中就出现了"保护伞条款",该条约第 7 条规定:"缔约一方应该遵守其对缔约另一方国民或者公司的投资所承担的任何其他义务。"在投资条约中,"保护伞条款"还会有其他表述:如对于投资与投资者,某东道国应该向投资者的母国承诺"遵守其已订立的任何义务""保证持续遵守其已作出的承诺"等方式,"保护伞条款"也还使用过其他称呼:"镜子效应""提升效应""平行效应""合同神圣原则""尊重条款""有约必守"。① 这种条款频繁出现在东道国与外国投资者签订的投资协定中,保护伞条款的作用是如果缔约东道国违反了给予投资者的合同项下的承诺,其承担的法律责任将由违反合同义务提升到违反国际法律义务,从而为投资者提供额外的保护。

如上所述,各个投资协定规定保护伞条款的模式各有不同。此种差异的存在就需要对其进行解释,对该条款解释通常运用下列几种方法:根据条约制定的历史背景进行解释,依据条约的目的与宗旨进行解释,根据其前后文的意思进行解释,依据对条约用语的一般含义的理解进行解释,或者是其他能表示缔约方意图的材料等。对保护伞条款的解释和适用,学术界存在较大争议。实践中仲裁庭的做法各不相同。例如,在"SGS 诉巴基斯坦案"中,仲裁庭对保护伞条款作了限制性解释。该案案情如下:瑞士国籍的 SGS 公司与巴基斯坦政府签订了一项协定,主要内容是要求对货物装船前提供海关检验服务。合同签订以后,巴基斯坦政府却发现,SGS 公司在合同履行的过程中存在着不正当的行贿行为,出于保护本国公共利益的考虑,巴基斯坦宣布取消与 SGS 公司之间的协定。SGS公司以巴基斯坦政府违约为由提起国际仲裁争端解决程序。SGS 公司认为,巴基斯坦政府一方面违反了两者之间签订的协定,另一方面也违反了巴基斯坦—瑞士双边投资协定中第 11 条第 1 款规定的保护伞条款。该条款规定:"缔约任何一方必须持续地保证遵守就缔约另一方投资者的投资所作的承诺",根据此规定,SGS 公司认

---

① Katia Yannaca-Small:《投资条约中保护伞条款的解释》,王海浪、王海梅译,载《国际经济法学刊》2009 年第 3 期。

为违反了合同约定就等于违反了上述条约中规定的"保护伞条款"，要求巴基斯坦政府承担违反双边协定的法律义务。但是仲裁庭对 SGS 公司的诉求不予支持，并认为，巴基斯坦政府只是违反了与 SGS 公司之间的合同，并没有违反双边投资协定中其他的实体条款，该义务纯粹属于合同义务，并不当然构成对"保护伞条款"的违反。同时进一步指出，除非有证据表明，缔约双方在签订保护伞条款时明确规定或者有迹象表明，他们愿意将该条款的适用范围扩大至违反合同即违反该协定，否则，只有在东道国政府的行为既违反了合同，又违反了双边投资协定中的实体法条款的规定时，才构成对"保护伞条款"的违反。仲裁庭指出，瑞—巴双边投资协定中的保护伞条款的原文本身并没有旨在规定将违反合同的行为可以自动地上升到违反了国际条约义务。① 因此，SGS 主张根据保护伞条款要求巴基斯坦政府承担违反条约义务的诉求没有得到支持，2003 年 8 月，仲裁庭作出了拒绝对该案实行管辖的裁决。仲裁庭还认为，如果做广义解释会使"保护伞条款"成为一个万能的保险条款，只要违反了合同都可能被看作违反了双方的双边投资协定条款，从而要求东道国承担违反国际协定的国际义务。除了 SGS v. Pakistan 案外，ICSID 仲裁庭同样对保护伞条款作出限制性解释的还有 2004 年的 Joy Mining v. Egypt 案、2006 年裁决的 Salini v. Jordan 案。

然而，在之后的另一个类似案例 SGS 诉菲律宾案中，国际投资仲裁庭却对"保护伞条款"的适用范围给出了截然相反的解释。与上个案例的案情相同，SGS 公司与菲律宾政府也签订了合同，合同的内容也涉及提供服务，并因为同样的理由双方发生了争议，SGS 公司仍然以菲律宾政府违反了双方 BIT 的保护伞条款而向国际投资仲裁庭发起争端解决程序，《菲律宾和瑞士双边投资协定》第 10 条第 2 款也规定了保护伞条款，但是此案临时仲裁庭却否定了 SGS 诉巴基斯坦案仲裁庭对"保护伞条款"所做

---

① 余劲松：《国际投资条约仲裁中投资者与东道国权益保护平衡问题研究》，载《中国法学》2011 年第 2 期。

的限制性解释，并认为，SGS 诉巴基斯坦案裁决对"保护伞条款"所作的限制性解释不能令人信服，并作出了自己认为正确的解释：菲律宾没有遵守其所作出的具有约束力的承诺，包括与特定投资有关的合同方面的承诺，并因此违反了双边投资协定的约定，即只要菲律宾政府违反合同，根据双方的双边投资协定中的"保护伞条款"，就要承担违反条约的国际义务。由此可见，仲裁庭对保护伞条款的适用范围进行了扩大性解释。在此案之后的 Noble Ventures v. Romania 等多个案件中，仲裁庭也与 SGS 诉菲律宾案的解释保持了一致。

上述对保护伞条款的两种不同的解释方法，在学术界也存在很大争议。从目前的协定规定的情况看，大多数国家在对此条款作出规定时，并未对其适用范围均作出明确的解释。从保护伞条款的历史背景看，它在很大程度上反映的是资本输出国的意图，是资本输出国为保护本国投资者的海外投资而设置的。发展中国家在订立该条款之初，对此条款可能产生的后果认识存在着明显不足，因而如果仅从缔约国缔约的意图方面来解释保护伞条款，对发展中国家是不公平的，也是片面的。值得注意的是，一些发达国家关于该条款适用范围的态度也发生了变化。例如，美国 2004 年以前的 BIT 范本是包含有保护伞条款的，但其修订后的 2004 年 BIT 范本、2012 年 BIT 范本均未规定该条款。对保护伞条款的适用范围作出扩大化解释，其实质是为了强化对投资者利益的保护，使投资者的权益不因东道国国内情况的变化而受影响，更不会受到国家为保护国内劳工权等公共利益所采取的政府管制措施的影响。

第四节　国际投资仲裁系统性 缺陷对劳工权的影响

现代国际投资协定除了对投资双方的实体性权利进行规定外，还为投资者提供了另外一个更重要的好处，就是私人投资者可以直接在东道国的国内法庭对缔约另一方（即东道国政府）提起国际仲裁，并把此作为一种替代方法来解决它们之间的争端，这有别于贸易法领域的国家之间的仲裁程序。投资者—国家之间的仲裁避免了许多传统国际法规则的误区（实际的或想象的），即关于"用尽当地救济"和投资协定的实践功能。通常情况下，由东道国提供的 BIT 中已有仲裁条款，此条款又被后来的外国投资者所接受并加以完善。1965 年成立的"解决投资争端国际中心"（ICSID），是国际投资仲裁机构根据《解决国家与他国国民间投资争端公约》（《华盛顿公约》）而建立，是解决东道国与外国投资者之间发生的投资争端的重要途径。在仲裁规则中，经常被选择的有国际投资争端解决中心（ICSID）、联合国国际贸易法委员会（UNCITRAL），以及其他的主要处理普通商业仲裁的机构如国际商会（ICC）、斯德哥尔摩商会（SCC）。除了 UNCITRAL 规则，它们都另外提供制度框架，以促进和管理仲裁程序，仲裁裁决是终局的和有约束力的。总的来说，这些纠纷解决机制增强了投资者的信心，极大促进了当代国际投资法的有效性。

在 20 世纪 90 年代以前，国际投资仲裁机构受案数量很少，因而其并未引起国际法学界的重视。但是随着国际投资自由化进程的加快，90 年代中期以来随着国际投资争端仲裁的数量急剧增加，投资仲裁机构与仲裁裁决都成为当前国际法关注的焦点，这是因为大规模的外国投资削减了东道国的其他根本利益，诸如劳工权保护和环境保护。最近以来，现代投资法律和仲裁获得了太多的关注，毕竟，在这一领域国内法律和国际法律、一般规范和具体规范、公共领域和私人领域的界限模糊，BIT 数目的爆炸性增长和投资仲裁案件近年来的急剧增加都凸显了这些担忧。2013 年世界投资报告显示，截至 2012 年底，已知的基于协定的案件总数达到 514 件，仅 2011 年一年国际投资协定项下已知的投资者与东道国争端解决（ISDS）案件至少增加了 58 件。国际投资仲裁机制在发挥其争端作用、推进国际投资法治化的同时，也暴露了自身的重大缺陷：只偏重保护资本输出国的投资及投资者的利益，对东道国主权造成了严重冲击，由此导致的仲裁裁决的不确定性及不一致性备受批评，甚至被认为国际仲裁已陷于"正当性危机"。① 国际投资仲裁裁决呈现出的遏制公共利益规则的潜在因素，阻碍了东道国劳工权保护等可持续发展政策在国内的实施。

一、仲裁程序透明度不够

谈到投资争端诉讼程序的保密性，最常见的是批评其透明度不够。也就是说，不管裁决结果涉及多么重大的公共利益，仲裁的过程是相对秘密的，在仲裁开始后至仲裁裁决作出前，被允许参与全部辩论、协商过程的只有外国投资者双方和东道国政府代表，仲裁裁决作出前东道国公众都被完全排除在整个仲裁过程之外，即使裁决结果对他们的影响最大。虽然也有几个值得注意的例外协定，如加拿大范本（2004 年）第 38 条和美国范本（2004 年）第 10 条，投资协议包括要求纠纷解决透明度的条款。传统的国际仲裁是封闭式的，流行的联合国国际贸易法委员会规则是：未经双方当事人同意，仲裁是不被公开的。事实上，贸易法仲裁往往不广为人知，ICC 规则也不明确解决透明度问题，同样，SCC 仲裁在公共领域的信息也非常少。唯一值得一提的是，解决投资争端国际中心在其公开的案卷中列出了待结的案件，提到了注册仲裁的基本资料，包括题材、双方名称、注册日期、仲裁庭的组成，程序阶段等；但是有关争端方面的信息很少，即便有也主要包括论点、时间和其他的诉讼记录。更重要的是，各方仍可能同意对实际裁决保密。虽然解决投资争端国际中心正日益走向透明，很多仲裁案件现或由其他各方或直接通过 ICSID 出版，但具有系统性和综合性的刊物仍然遥遥无期。因此，一些 ICSID 仲裁案例都无法公开访问。②

这种程序的"秘密性"剥夺了东道国公众的知情权和参与权，

---

① 刘笋：《国际投资仲裁引发的若干危机及应对之策述评》，载《法学研究》2008 年第 6 期。

② C. Schreuer, The ICSID Convention: A Commentary (2. edn, Cambridge Univ. Press, Cambridge 2009), paras. 48, 110-119.

因此依该程序作出的裁决结果能否公正与合理，是否对东道国的人权保护等社会公共利益进行了考虑，都必然会引起公众的不满与怀疑。另外，根据仲裁规则，仲裁裁决是一裁终局的，一旦作出对双方都具有拘束力，并且不允许进行上诉，这不利于东道国国家的主权行使以及国内公共健康与安全、劳工权及人权保护。

二、仲裁裁决的不确定性

此外，近年来国际投资仲裁裁决的不确定性也备受争议。不同的仲裁庭对同一协定中的相同规定给出不同的合法解释，对于涉及相同事实甚至相同当事人的投资争端案件，不同的仲裁庭作出不同的裁决，仲裁裁决不一致，甚至互相矛盾。对条款解释的不一致导致主要协定含义的不确定性以及将来如何理解协定缺乏预测性，仲裁裁决的不确定性和不可预见性使得投资者无法对自己的投资作出合理的预期，也影响了东道国对公共政策行使主权管制权后果的判断，阻碍了一国的劳工权保护等可持续发展政策的实施。即使在同一体制和程序框架下，因为每个案例都有自己的具体情况：或强调对先例的尊重，或注重对不同法理理念的不同理解，加上缺乏先例的指导，这成为仲裁裁决不一致性和法律不确定性的重要根源，另外，仲裁员专业知识的不均衡和国家审查的缺乏也对其产生了影响。

还是以阿根廷系列案件来说明。20 世纪 90 年代末，阿根廷国内爆发了一系列经济危机。面对国内发生的重大突发事件，2002年 1 月，阿根廷通过法令采取了一系列管制措施。美国投资者 CMS 公司和 LG&E 公司都受到了上述措施的负面影响，均以阿根廷的有关措施构成了征收并违反了公平与公正待遇标准为由分别向 ICSID 提起仲裁。在这两个案件中，阿根廷都提出了危急情况抗辩，并认为其遭受的经济危机属于《协定》第 11 条规定的重大危机情况，阿根廷政府是在面临重大危机下采取的措施。然而，在 CMS 案与 LG&E 案案情几乎一模一样，甚至两案均有 Francisco Rezek 担任仲裁员的情况下，两案临时仲裁庭却对危急情况的认定截然相反。CMS 案仲裁庭认为，尽管阿根廷的危机很严重，但是并没有令经济和社会完全崩溃。① 于是，仲裁庭支持了 CMS 公司的诉求；LG&E 案仲裁庭针对阿根廷提出的危急情况抗辩，却认定阿根廷的经济危机已经达到灾难性的程度，阿根廷政局的严重性可以与受到军事袭击相当。因此仲裁庭认为阿根廷的根本利益受到损害，② 从而作出了有利于阿根廷政府的裁决。

国际投资仲裁裁决的不一致性带来了诸多不利后果。一方面，它影响了东道国对自身在投资协定下所承担义务的预期判断，严重损害了投资者根据投资协定所能保护的利益；另一方面，国际仲裁裁决的不确定性，损害了投资协定应有的严肃性和确定性，更难以对未来的国际投资仲裁实践进行稳健的先例指引。正如美国学者克里斯托弗·布鲁莫尔指出的那样，临时性仲裁庭的裁决前后不一、变化多端，对投资协定下的实体法义务作出了不同的解释，这样做的恶劣后果就是：对于自己在协定下所承担的义务，东道国对此义务的性质和范围没有明确的认识。因此，国际投资仲裁裁决的不一致性，影响了主权国家对自己主权行为在国际法上之合法性的判断，进而限制了国家主权对外资监管的正当行使。③

三、仲裁员选择方面的缺陷

国际投资仲裁庭的许多仲裁员都活跃于商业社会中，他们大多数都身兼数职，有的仲裁员或在公司担任法律顾问，或者从事律师工作，双方当事人在选择仲裁员时首先要注重实用性，因此，商事

---

① CMS 燃气传输公司诉阿根廷共和国案（ICSID Case No. ARB /01 / 8），2005 年 5 月 12 日仲裁庭裁决，第 353-356 段。[CMS Gas Transmission Co. v. Argentine Republic，(ICSID Case No. ARB /01 /8)，Award of the Tribunal, May 12, 2005, para. 200.]

② CMS 燃气传输公司诉阿根廷共和国案（ICSID Case No. ARB /01 / 8），2005 年 5 月 12 日仲裁庭裁决，第 353-356 段。[CMS Gas Transmission Co. v. Argentine Republic，(ICSID Case No. ARB /01 /8)，Award of the Tribunal, May 12, 2005, para. 200、238、257.

③ 刘笋：《国际投资仲裁裁决的不一致问题及其解决》，载《法商研究》2009 年第 6 期。

仲裁员的职责也通常被认为是维护当事人的利益，而不是维护社会公共利益。可以合理推定，仲裁员的这一多重身份会对其裁决思维产生影响。著名投资法学者索那拉嘉认为，投资仲裁员"关注合同神圣甚于对国际共同体的关注，通过表现对商业笃信及多国企业的忠诚以确保再次被指定为仲裁员"。① 仲裁员的商业倾向性也深刻地影响了投资仲裁，使投资仲裁不可避免带有一定的商事化特征，而现行投资仲裁员的这一商业行为在现行的法律规范框架下难以得到有效规范，因此，仲裁员选择上的缺陷目前难以克服。

一方面，当事人选择的多数仲裁员具有商业背景，他们也不经常处理与劳工权相关的人权法事宜，这使得他们很难果断地处理这类问题；另一方面，人权专家多数又不具有足够的与投资法相关的专业知识，因此，在国际投资仲裁过程中，许多投资争端的仲裁员只是从狭窄的视角，关注法律解决商业纠纷的有效性，其中仲裁裁决的可操作性是关键因素。因此，仲裁仍然保留了自愿、私人、有限视角的模式。同时，尊重人权在本质上需要考虑投资制度的外部性，特别是当有关公众利益的事项涉及国际法问题时。因此，仲裁员选择方面的缺陷影响了仲裁庭的权威，各个仲裁庭对 BIT 不确定条款进行的相互矛盾的解释，进一步证实了这种权威的缺位。

---

① 蔡从燕：《国际投资仲裁的商事化与"去商事化"》，载《现代法学》2011 年第 33 卷第 1 期。

第四章 国际投资协定中
劳工权保护的完善

第一节 修订投资协定条款以尊重和
促进劳工权保护

一、条约序言中加入劳工权保护的说明

一般来讲，投资协定的序言并没有为缔约方创造任何实质性的权利和义务，但在其具体条约解释中却非常重要，它决定了协定的目的。未来的双边投资协定应在序言中明确重申承认劳工权、可持续发展、保护环境等国际法价值观，能在投资保护和国家管理制度之间寻求适当平衡，并为落实这些价值观采取必要的措施。这必将会对东道国的劳工权保护产生积极的作用，也会进一步引导投资协定朝着人本化的方向发展。在晚近出现的一些投资协定或协定范本，人权保护开始在序言中有所反映。如2007挪威的 BIT 范本，其在序言中重申各缔约方应"致力于民主、法治、人权和基本自由以与他们所承担的国际法义务相一致，包括在《联合国宪章》和《世界人权宣言》所列的原则"。① 美国在 BIT 2004 年范本序言中规定，协定所追求的目标包括促进经济增长等，必须要以符合保护健康、环境、安全以及促进国际上认可的劳工权利的方式去实现。2012 年美国的双边投资协定范本序言中又提道，条约旨在以

① 参见 http://www.investmenttreatynews.org/cms/news/archive/2009/06/08/norway-shelves-its-proposed-model-bilateral-investment-treaty.aspx.

一种与保护健康、安全与环境、促进国际公认的劳工权益相一致的方式实现这些目标。可见，在美国的最近的两个 BIT 范本中明确规定了对劳工权的保护，美国的 BIT 范本序言的这一规定必将对各国的双边投资协定范本产生深远影响。相应地，欧洲自由贸易联盟和新加坡之间的 2002 年自由贸易协定中也包含此类性质的措辞。

二、澄清间接征用的具体含义与外延

现有的国际投资协定中的征收条款，很少对间接征收的具体含义及外延进行澄清。有的协定即使作出了规定，也只是对征收补偿的金额进行详细规定，关于东道国的法律规制行为是否构成间接征收、东道国管制行为的正当性能否成为免予构成间接征收的理由，国际法学界并无定论。在此情况下，东道国为避免本国面临的诉讼风险或潜在的巨额经济赔偿，在保护本国居民公共利益方面所采取的措施受到较大程度的限制。因此明确间接征收的含义与外延，对东道国实现人权保护目标至关重要。在已有的投资仲裁实践中，也有仲裁庭引入了人权保护规则，以判断东道国的行为是否构成征收。如在泰克迈德公司案（Tecmed）中，投资仲裁庭援引了美洲人权法院在布朗斯汀案（Bronstein）中关于征收的解释："在界定某种征收是否发生时，不能只限于从形式上判断对财产的剥夺和限制，而应该透过形式，从实质上判断一项措施或行为是否已经构成对财产的征收。"[1]

2004 年美国 BIT 范本对于间接征收进行了较为详细的规定，该范本附件二明确规定了判断特定行为是否构成间接征收的主要因素：（1）政府行为对投资者的经济利益是否造成影响，但是下列情况例外：即缔约一方的一项行为或一系列行为本身对投资的经济价值产生了负面影响；（2）政府行为的性质，但是在极少数特殊情形下，缔约一方为保护国内正当的社会公共利益，例如劳工权保护等的非歧视行为，也不构成间接征收；（3）政府的管制行为对投资

---

[1]　李凤琴：《国际投资仲裁中的人权保护》，载《政法论丛》2010 年第 1 期。

者合理期待的影响程度。这一系列规定为是否构成间接征收提供了一定的参考标准,有效地平衡了东道国与投资者之间的权利义务关系,也为仲裁庭的仲裁实践提供了明确的可依据的参考标准。①

其次,可以在征收条款中明确规定劳工权保护的例外。未来各国在缔结 BIT 时,可以按照美国 BIT 范本(2012 年)附件 B 和北美自由贸易区的模式,以保护人权和劳工的合法公共福利为目的,为维护公共健康、安全和环境目标的监管行为不构成间接征收;同时,东道国实施征收行为的意图也应当作为一项衡量的标准,以决定征收补偿额的多少,这些都应当在国际投资协定中予以明确规定,或者还可以明确规定,保护人权义务的强制监管措施将减少赔偿。

三、明确待遇标准的适用范围

为确保 BIT 的确定性和可预见性,首先需要解释公平与公正待遇条款(FET)的确切含义,尤其要明确公平与公正待遇条款与习惯国际法最低待遇标准之间的关系。其次,可以列出违反公平与公正待遇的各种形式,这对正确理解两者之间的关系会有所帮助。最可行的方法是,在条约中一方面要对公平与公正待遇的含义与内容作出明确规定,另一方面还要对其适用范围进行详细列举。从实践上看,公平与公正待遇的核心内容是投资者要求东道国给予平等、公正的待遇,反对歧视和专断。因此可以将影响对这一待遇理解的、已经被普遍接受或认可的某些要素或规则予以具体明确限定,如正当法律程序(不得采取专断措施)、不得拒绝司法、无差别待遇等作为对公平与公正待遇的要求。② 例如,2009 年《中国与东盟投资协定》第 7 条就明确规定:"公平与公正待遇是指各方在任何法律与行政程序中不得拒绝司法。"另外,NAFTA 协定缔约

---

① 蔡从燕:《国际投资仲裁的商事化与"去商事化"》,载《现代法学》2011 年第 33 卷第 1 期。

② 余劲松:《国际投资条约仲裁中投资者与东道国权益保护平衡问题研究》,载《中国法学》2011 年第 2 期。

国对第 11 章所做的解释也值得借鉴，该解释规定，"公平与公正待遇"的含义并不要求给予习惯国际法中所规定的外国人最低待遇标准之外的待遇，而且进一步规定，即使违反了协定中的其他条款内容，也并不意味着违反了公平与公正待遇。除此以外，还对国际法上的最低待遇标准进行了限定："外国人的习惯国际法最低待遇标准。"这样就对公平与公正待遇的内容与适用范围进行了明确而详细的规定，这样一来，仲裁庭在实践中就有具体确定的标准可循，从而按照双方在条约中的约定，对公平与公正待遇进行正确的、合乎双方缔约意图的解释，以便于对公平与公正待遇的正确理解与适用。

应明确国民待遇标准和最惠国待遇标准的适用范围，以防止仲裁庭对此做扩大化解释。但是，目前在投资领域，对两个待遇条款的适用范围进行明确规定的比较少。2006 年 5 月，为了对其未来投资协定谈判进行指引，欧盟委员会在其发布的政策指引中指出，最惠国待遇条款的适用范围不应当扩张至征收事宜和争议解决事宜，而且有关区域经济一体化事项也应当排除在外，以免带来消极后果。2007 年《哥伦比亚 BIT 范本》第 4 条第 2 款明确规定，最惠国待遇条款不适用于投资争议解决事项。[1] 可以说，对国际投资协定国民待遇条款和最惠国待遇条款的适用范围作明确的限制性规定也将成为一种国际缔约趋势。

四、限制或者删除保护伞条款

针对保护伞条款所作的两种解释——扩大化解释和限制性解释，前文已有论述。笔者认为，对保护伞条款作扩大化解释是不合适的，扩大保护伞条款的适用范围实际上是强化了对投资者的利益保护，没有考虑东道国缔约的目的与动机对东道国行使公共利益保护权具有一定约束力。在最近的仲裁裁决中，保护伞条款都受到猛烈的攻击，认为国际法庭诉讼也许是解决双方争端的最好办法，可

---

[1] 梁丹妮：《国际投资条约最惠国待遇条款适用问题研究——以"伊佳兰公司诉中国案"为中心的分析》，载《法商研究》2012 年第 2 期。

以为东道国的责任提供一个比 BIT 本身更广泛的范围。① 反过来看，这些批评的观点也受到其他法庭和评论家的尖锐攻击，在这些争论中有些人认为，原来担心在国际上私人投资者对国家没有信心，才产生了"保护伞条款"，也许现在这个理由不再充分，保护伞条款也没有必要继续出现在投资协定中。当前，一些投资协定的缔约国开始意识到保护伞条款对于东道国行使国家监管职能的限制与约束，基于东道国利益与投资者利益平衡的考虑，有的投资协定中甚至删除了保护伞条款、稳定条款，如《北美自由贸易协定》和美国 2004 年的 BIT 范本是这方面的先行者，在这两个协定中不再包含保护伞条款。笔者认为，对于现行协定中的保护伞条款，进行限制性解释是较为合理的。也就是说，东道国违反合同或承诺不能与违反投资协定相提并论，违反合同并不意味着违反了投资协定，只有当东道国的国家行为既违反了双方的合同，又违反了国际投资协定中规定的条约义务时，投资者才可以依据国际投资协定，将其争端提起投资仲裁之诉。这样作出的限制性解释，一方面考虑到了东道国和外国投资者双方利益的平衡，另一方面也维护了保护伞条款的效力；同时，笔者还认为，保护伞条款是在特定的历史背景条件下产生的，其目的是削弱东道国对外资的监管权，用国际法保护国内合同，以强化对外资的保护。目前国际投资形势发生了变化，虽然促进投资自由化仍然是国际投资协定的主要内容，但是东道国也加强了对外资的监管权，特别是东道国所担负着制止投资者对环境污染以及对劳工等人权的侵害等义务，国际社会在这方面也面临巨大压力，为此应适时地废除保护伞条款，以实现国际经济的可持续发展。

五、增加例外条款

除了前面概述的约束性修改外，可以起草一份旨在重要领域维护人权的例外条款。几个现代的 BIT 已经有类似的规定，如加拿大

---

① 参见 e. g. SGS v. Pakistan, Decision on Jurisdiction, 6 August 2003, 42 ILM（2003）1290.

BIT 范本（2004 年）第 10（1）（b）条，"一般例外"的标题下除其他事项外，"本协定的任何规定不得解释为阻止一缔约方采取或实施必要措施……（b）确保符合法律和法规，不违反本协议的规定"，该条规定，各缔约国有权采取措施或加强环境立法，以保护人类和动植物的生命健康以及有限的自然资源，但是这些措施不能对国际贸易或投资造成限制与影响，即使这一影响是潜在的、隐蔽性的，这些措施也不能是带有歧视性的或者任意性的；该条还规定，一缔约方可以对另一缔约方的行为进行监督，以放松对国内环境的管制或人权安全、健康的保护措施来吸引投资的方式是不合适的，如果一方认为另一缔约方采取了不合适的鼓励措施，并有可能对公共利益造成影响，为了避免上述措施的实施，一方有权与另一缔约方协商以解决此类事项。

六、设置投资者的劳工权保护义务条款

在近年来签订的国际投资协定中，越来越多的协定中包含有投资者义务条款，这些条款的内容广泛，大多基于权利义务关系的一致而产生，对于平衡外国投资者和东道国的关系起着一定的作用。这些条款所涉范围不一，有的只是简单声明投资者应遵守东道国的法律和规章，例如 2006 年《南部非洲发展共同体金融与投资议定书》中的相关规定；2007 年挪威 BIT 范本草案第 32 条则规定，鼓励投资者从事投资活动，并按照 OECD 制定的《多国公司行动指南》中规定的企业责任来约束自己的行为，企业应积极参加联合国发起的企业"全球契约行动"；有的投资协定则详细规定投资者应承担的义务，包括东道国国内的反腐败、保护劳工标准以及保护环境等方面的义务，例如 2008 年《非洲加勒比论坛、太平洋国家与欧洲共同体经济伙伴关系协定》中的相关规定。① 上述规定，对于投资者所承担的社会责任的内容并不一致，但值得欣慰的是，各国认为，国际投资协定中的投资者义务都包括遵守东道国的基本劳

---

① 张光：《论双边投资条约的公益化革新》，载《当代法学》2013 年第5 期。

工待遇标准，这些对于在国际投资中加强对劳工权的保护，都有着积极的意义。

另外一种做法是提高和加强国际和国内人权保护在投资法和仲裁中的作用，而非重新制定投资协定，一方面，创建投资协定有着一定的不确定性；另一方面，人权法和投资法本来就不是各自封闭独立的领域，相互之间应该进行有意义的交叉互动。根植于全球法治的基本理念，国际投资法律体系不是孤立封闭的法律体系，人权法的理念与内容应该融入其中，从而实现国际投资法与国际人权法的完美结合，为全球经济的和谐健康发展发挥各自的作用。

第二节　改革国际投资仲裁制度以利于劳工权保护

鉴于他们在塑造投资规则系统方面的关键作用，各种国际投资协定程序方面常用的仲裁规则应重新考虑，以期在投资体制和其他重要问题之间实现良性互动。

一、限制国际投资仲裁庭的管辖权

在投资协定中，为了能正确处理投资协定目的和手段之间的关系，需要谨慎处理投资者权利救济问题。现行的国际投资仲裁制度，着眼于保护投资者的财产权益，就其启动主体看，实践中大多数是投资者提起国际投资仲裁申请，这一特点就为投资者滥用权利提供了条件和土壤。实践中也确实存在投资者滥用起诉权，即使没有充足的法律依据，也对东道国提起仲裁申请，并以此震慑东道国，此种滥用权利的仲裁申请对东道国产生"寒蝉效应"，使得东道国自始就不敢对投资者采取管制性措施，从而削弱了东道国主权权利行使，不利于保护劳工权等社会共同利益。

（一）建立管辖权的先期审查机制

目前，有些国家开始注意到这个问题，并在其签订的对外投资协定中有所显现。如美国的 2004 年的 BIT 范本就确立了先期反对（preliminary objection）制度。根据该范本第 28 条第 4 款规定，东道国可以先行向仲裁庭提出反对仲裁请求，只要有证据认为投资者提出的申请仲裁的理由不充分，甚至属于明显不可能胜诉的仲裁请求，仲裁庭应当对东道国提出的反对请求作出裁决，此裁决具有两方面的作用，一方面是加强对申请仲裁案件的审查，并驳回一些滥用权利的仲裁请求，以决定案件是否受理或继续审查；另一方面的作用是对国际投资仲裁庭取得管辖权的前提条件——当事方同意原则，进行一定程度上的限制与约束。在美国对外签订的投资协定中，也有类似规定。如2003年美国—智利FTA中规定："当被诉缔约东道国提出异议，认为从法律上看，投资者提出的诉求将无法在裁决中获得胜诉，因为此诉求无法获得条约法上的支持，此异议作为先决问题，仲裁庭应当对其进行判断并做出决定。"在美国新订立的一些自由贸易协定中也作出了类似规定。

同时，为了加强对滥用投资仲裁程序的监管，许多国家规定，要求滥用程序者承担较多的律师费和仲裁费用，以此作为对滥用投资仲裁程序的惩罚与制裁。例如，2003年美国—新加坡、美国—智利自由贸易协定、2004年美国—乌拉圭的双边投资协定都对此做了规定，如果有关申请人的事实主张并不成立法律意义上的异议，或者被申请人提出管辖权异议，仲裁庭可以依据正当理由就此类异议作出裁决，因反对该异议或提交该异议，胜诉方产生的律师费和合理费用应该由败诉方承担。这一规定对滥用仲裁程序具有一定的制约与惩罚作用，对投资者和东道国都同等适用。

（二）将涉及劳工权的投资争议作为例外排除仲裁庭的管辖权

例外条款一般以保护公共利益为原则，很多国家将涉及"重大安全利益"的案件以及国家"根本安全"的案件排除在仲裁庭的管辖范围之外，以限制国际投资仲裁庭作出对本国不利的仲裁裁决。与投资有关的劳工权争议也有其特殊性，它不仅涉及公共利益，还与劳工个人的权益息息相关，东道国从保护自己本国劳工权益的角度出发，可以将与投资有关的劳工权争议作为例外排除仲裁庭的管辖权，从而避免仲裁庭作出不利于本国劳工的裁决。

二、扩大法庭之友的范围

所谓"法庭之友"是指，对某一案件具有强烈兴趣或自己的见解，根据法庭的要求或主动向法庭申请，积极参与到仲裁过程中，向法庭提交陈述意见书的非争端当事人。近年来，与公共利益有关的国际投资仲裁案件越来越多，这类案件与社会公众的利益息息相关，一些公民团体和非政府组织为了更好地行使监督权，强烈要求以"法庭之友"的方式参与到仲裁程序中，以便更好地督促仲裁庭公正地行使仲裁权，而法庭之友的适当参与，为仲裁庭提供了不同于当事双方的思路、观点，开阔了仲裁员的视野，而且他们能更好地反映与代表公共利益，使得维护公共利益包括劳工权等人权保护的诉求在仲裁中得到充分体现。例如，如果对于人权保护问题，投资者与东道国都避而不谈，法庭之友就可以发挥其作为非当事方的优势，要求参与到仲裁程序中，并援引人权规则。虽然，是否接受"法庭之友"的申请，只有仲裁庭有权决定，但是这至少使得仲裁庭有可能考虑适用国际人权规则。

如国际投资仲裁庭审理的 Aguas Argentinas 诉阿根廷案，该争端涉及阿根廷的供水私有化问题，与社会公共利益联系密切，基于此，五个非政府组织强烈要求参与到仲裁程序，并以法庭之友的身份向仲裁庭提出了它们对此案的意见书。意见书认为，此案的仲裁裁决关系到公众利益，也关系着人的基本生存权利，因此，它们有权利参与到仲裁程序中去。仲裁庭认为，以往也有已经接受法庭之友意见的案件，这些案件的裁决不仅对个人产生了较大影响，同时也都涉及公共利益。于是，仲裁庭接受了由五个非政府组织共同提交的法庭之友摘要，并结合以往的案件经验，作出以下结论：此投资争端案件涉及公共利益，供水和污水处理系统属于基础设施，它为布宜诺斯艾利斯及周边地区百万名居民提供公共服务，如果对此问题处理不当，不仅会涉及该地区大范围的供水和污水处理问题，还可能会引发国际法上的人权问题。由五个非政府组织组成的法庭之友的意见最终被仲裁庭采纳，仲裁庭认为，在公共服务和人权事务方面，法庭之友具有丰富的专业水平经验，他们的意见书对仲裁庭的裁决起着重要的参考作用，理应被接受，法庭之友也因此而受人尊敬。① 另一个案件是 Biwater Guaff 诉坦桑尼亚案，该案也涉及供水私有化问题，该案仲裁庭也接受了法庭之友的意见书，对上述 Aguas 案仲裁庭的仲裁裁决观点进行了认可，并且强调，仲裁程序除了解决私人冲突或商事纠纷，还可以实质性地影响人们享受基本人权的能力。②

从以上两个案例可以看出，法庭之友的摘要正被仲裁庭逐渐接受，为了开阔视野，进一步增加仲裁的公正性，仲裁之友的范围可以进一步扩大，特别是在有意援引人权观点的非投资者、非国家、非政府的社会组织之间产生。同时，为了保证"法庭之友"真正广泛参与到仲裁程序之中，可以对"法庭之友"作出规定："法庭之友"必须是与仲裁当事双方均没有任何利益关系的当事人，除了仲裁机构及当事各方以外的其他组织和个人，既可以包括相关专业和法律方面的专家，也可以包括专业性的非政府组织。除此之外，公众代表以及国家当事方所参加的国际组织中的其他成员方政府也可以担任"法庭之友"；"法庭之友"提交意见书的整个过程要公开，意见书的内容也要公开，一般来讲，其内容要经过仲裁庭的允许；提交意见书的过程要接受公众的监督，程序要透明。当然，当事各方在仲裁庭上及在有关国际协定下的权利和义务并不因"法庭之友"的参与而有所增减，仲裁程序也不会因此而延长或复杂，仲裁庭的组成也不会因为"法庭之友"的参与而变更。一个法庭之友通过关注当事人不承认的有关事项，以及利用专家的特殊专长发挥其作用。参与观察在没有直接利益的情况下可以对仲裁庭有很大的帮助。例如美国 BIT 范本（2004 年）明确规定，仲裁庭有权接受非争端当事方提交的争议，通过向广大公众提供文件进一步加强其传播性，没有它，法庭之友可能只是象征性的。

---

① 李凤琴：《国际投资仲裁中的人权保护》，载《政法论丛》2010 年第 1 期。

② Biwater, Guaff Ltd. v. United Republic of Tanzania, ICSID Case No. ARB/05/22, Petition for Amicus Curiae Status, 27 November 2006, p. 8.

三、增强仲裁程序的透明度

仲裁的保密性作为仲裁程序的一个显著的特点，有着其积极的作用，如仲裁的保密性可以限制外部对投资争端解决的干扰，有助于争端解决的公正性，也可以促使当事人勇于向仲裁庭提交与争议有关的机密信息。但是，涉及人权等公共利益的案件裁决程序要向公众公开，国际投资仲裁庭的仲裁过程越透明，就越能提高其在公众中的威望和声誉。因此，要正确看待仲裁程序的保密性，保持保密性不等于不要透明度，涉及公共利益的案件，各方利益关系人的角度不同，所代表的权利、利益也不同，只有全面衡量各方的利害关系，才能妥善处理好保密性和透明度二者之间的关系，才能平衡东道国的公共政策与投资者之间的权利义务关系，使得投资仲裁既能考虑到东道国公共政策的实施目的与效果，又能保护投资者的投资利益。

2006 年修改后的《ICSID 仲裁规则》在增加仲裁程序透明度方面仍然存在着明显不足：一是公众能否最终参与仲裁程序仍完全受制于当事人双方，任意一方当事人的反对都可以排除公众参与仲裁程序；二是公众在参与听证程序时无权参与辩论和发表意见；三是只有当事人双方一致同意，仲裁裁决才能公开。另外，国际投资仲裁庭在增强仲裁透明度问题上的态度也颇令公众失望。如在2008 年的 Chemtura 案中，仲裁庭裁决：除非争端当事人双方同意公开审理，否则仲裁不得公开审理。仲裁庭还认为，只有在争端当事人双方一致同意的条件下，包括仲裁申请书、最终裁决在内的不涉及保密信息的仲裁文件才可能向公众披露。[①]

在增加国际投资仲裁程序透明度方面，美国的《2004 年 BIT 范本》仍然走在了各国的前面。根据该范本第 29 条第 1 款的规定，东道国在收到下列资料时，都要提交给非争端缔约国，并向公众公布：当事方提交的相关案件资料、投资者提起仲裁的意向通

---

① 张光：《论双边投资条约的公益化革新》，载《当代法学》2013 年第5 期。

知、正式通知，以及仲裁庭最终作出的命令、决定与裁决等。在增强仲裁的透明度方面，2007 年东部和南部非洲签订的《共同投资区域投资协定》也作出了相关规定，要求仲裁庭对公众公开仲裁的程序和所有相关的文件，这就是《共同投资区域投资协定》第27、28 条明确规定的"透明度原则"，作为该协定透明度原则的例外，为了保护商业秘密，仲裁庭可以采取必要措施加强保密性。当然，要求增强投资仲裁程序的透明度，在一定程度上也会弱化商事仲裁的秘密性特征。未来的 BIT 中应该借鉴上述协定中的规定，增加透明度原则，并具体规定哪些应该公开。

四、保证仲裁员的公正性

在国际投资仲裁机制中，保证仲裁的公正性是最重要的。仲裁程序以及仲裁裁决的公正性都源于仲裁员的公正性。在国际投资条约中，仲裁裁决的公正性尤为重要，因为仲裁的结果不仅对私人投资者的利益产生影响，还经常会关系到东道国的社会公共利益，这就对仲裁员的综合素质提出了更高的要求，最根本的一点就是要求仲裁员保持公正。基于此，各仲裁机构的仲裁规则都规定了相应的措施以确保仲裁员的公正性。其中的一个方面就是要求仲裁员应该向仲裁机构披露与案件相关的信息，许多仲裁规则只是要求仲裁员披露选定时以及过去的信息，没有要求披露仲裁期间可能涉及的关联信息；有的规则要求仲裁员报告有可能与案件有关联的信息，包括其在专业和业务上的所有信息。例如 ICSID 仲裁规则第 6 条明确规定，仲裁员除了披露以前的和当时的有关信息外，还要将其在仲裁期间的活动持续地进行报告，除此之外，还要披露所有可能影响仲裁员独立判断的相关情况，这一规定对仲裁员的选择以及保证仲裁裁决的公正性都有着重要的意义。考察近年来国际投资仲裁庭的仲裁裁决，还有一个问题值得关注，即在案件事实与涉案当事人基本相同的几起案件中，仲裁员的组成中也有同一个人，仲裁裁决的结果一致或者不一致，都对仲裁员的公正性提出了更高的要求；假如裁决缺乏合理公正性，那么性质相同的类似案件都会有失公正；假如仲裁裁决不一致，人们会对仲裁员的公正性产生怀疑。因此，对于案情类似的案件，仲裁规则应当指定或限制对仲裁员特别是首席仲裁员的选择，明确规定同一个仲裁员不得再次审理涉案当事人相同、性质相同的同类案件。

五、构建统一的 ICSID 国际投资仲裁上诉机制

早在 2004 年，在国际投资仲裁庭秘书处发布的一份报告中指出，为了提高仲裁裁决的一致性，可以考虑设立一个统一的上诉机制，并应当限定在 ICSID 体制框架内，便于统一管理与适用，因为如果每个仲裁庭都设立一个相应的上诉机制，既浪费了人力资源，也容易造成混乱，给仲裁裁决的执行也带来了不便。根据秘书处的提议，由 15 名仲裁员组成该统一的上诉机构，这些仲裁员要具备一定的素质：一方面，这些仲裁员必须是各国知名的法律或者经济方面的专家，他们具有较高水平的专业知识以及良好的专业素养，最好在国际法领域具有公认的权威；另一方面，为了使仲裁员具有广泛的代表性，他们要来自不同的国家，要严格遵守选拔程序，先要由秘书长提名，再由行政理事会通过公开选举产生，上诉机构成员的任职实行交叉轮换制。后来，在 2006 年 4 月发布的《ICSID 仲裁规则》中，ICSID 秘书处提出了建立仲裁上诉机制的重大设想。但是，因为当时建立上诉机构的时机尚未成熟，该计划并未实施。

对于是否需要建立国际投资仲裁的上诉机制，在学术界还存在着争议。有学者对此持反对意见，认为建立上诉机制，突破了传统的仲裁特点，一裁终决和仲裁中立是传统仲裁的显著特点，如果建立仲裁上诉机制，就意味着对仲裁裁决不服可以提起上诉，仲裁裁决就不再具有终局性特点，投资者对国际仲裁体制信任将会下降。但是，近年来频频出现的仲裁裁决严重不一致甚至是截然相反的现象，也对国际投资仲裁机制的声誉造成了不好的影响，其导致的后果是东道国因考虑到面临仲裁风险而延缓甚至放弃有关维护公共利益的政府措施。这样长期下去，仲裁庭也会丧失其作为解决国际投资争端的权威地位。为了更好地发挥国际投资仲裁庭的作用，维护仲裁裁决的公正性，应该考虑建立统一的国际投资仲裁上诉机制。

理由如下：

（1）权威上诉机构的一致的和非歧视性的审判将进一步提升国际投资争端解决机制的可信度。一个上诉机构表明一个常设机构审查仲裁庭裁决的能力，这一机构能提高案例法的一致性、更正一审的错误判决以及提高法律的预测性。一些国家已计划采取这一方式。如果这一机构的永久成员是由各国的众多知名专家组成，它就会变为一个发表一致、非歧视性观点的权威性机构，这一机构能使国际争端解决机制更为合理。

（2）上诉机构关于法律的权威性公告为纠纷各方和仲裁员裁决纠纷提供指南。尽管当今一级仲裁体制未发生变化，对上诉标准的有效监管将缓解各方的担忧。总之，上诉机构的建立，将为现存分散的、未分级的、临时机构的设置规则提供指导。

（3）建立上诉机构的条件已经具备。目前，ICSID 公约缔约国已经有 150 多个，在 ICSID 框架体系内建立统一的多边国际投资仲裁上诉机制，可以防止国际投资仲裁上诉机制可能出现的"碎片化"问题。近年来，各国也着手筹备建立上诉机制，如美国 2004 年的双边投资条约范本规定，对于条约仲裁的上诉机构的可能性，缔约国要着手进行商量、研究建立；关于建立上诉机构的规定，也出现在美国对外签订的自由贸易协定中，例如，美国在与智利、新加坡、摩洛哥等国签订的自由贸易协定中规定，为了对仲裁庭的裁决进行审查，缔约国应当考虑如何建立一个双边的上诉机构，甚至有的协定还对上诉机制的建立进行了详细的规划。笔者认为，目前，对国际仲裁庭的裁决缺乏监督机制是不争的事实，上诉机制是否能真正解决这一问题还有待实践检验，但是我们要勇于尝试与创新，如果实践证明上诉机制确实是有效的，能对保证仲裁裁决的公正性、一致性、确定性起到监督作用，并具有在世界范围内有效运行并推广的可能性，那么它对于减少仲裁裁决的不一致性、解决投资仲裁庭的"不正当性危机"、推动国际投资的稳健发展能起到推进作用。

第五章　中国国际投资协定中的
劳工权保护

第一节　中国国际投资协定中劳工权保护的实践

如前所述，从国际投资协定产生上来看，双边投资协定是发达资本输出国制定的，是为其对外经济政策服务的工具。从一开始，双边投资协定就以保护资本输出国及其海外投资者的权益为主旨，其内容反映的是资本输出国的意志，强调的是作为东道国的发展中国家的外资保护义务，协定在涉及国家责任方面是片面的，这是其先天的、不可磨灭的深刻烙印。双边投资协定保护投资者利益的这一先天性特点限制了东道国国家主权的行使，削弱了主权国家对外资的监管，更谈不上保护东道国劳工的权利。

在经济全球化趋势下，国际投资协定的主要目的就是保护外资和外国投资者，其所创设的有关国际投资的法律制度也是围绕这一目的服务的。BIT 涉及的国家责任是片面的，BIT 的法律条款对资本输出国比对资本输入国有利，其目的是保障国际投资自由化，中国对外签订的 BIT，作为国际投资法制的一部分，也不可避免地被打上了国际投资自由化的"烙印"。中国早期签订的 BIT 只能说还处于投资自由化的萌芽阶段。在 1997 年以后签订的一系列 BIT 中，投资自由化的特征日趋明显：第一，随着中国改革开放的步伐进一步加快，为了吸引外资，放松了对外资的管制，加大了对外资的保护力度，如 BIT 调整范围的扩大、各项待遇标准的到位、投资保护水平的提高、争端解决机制的更为有效、投资自由化力度的加强。虽然中国国际投资协定在不断发展，但是其对于劳工权的保护却存在一定的缺陷，不仅关于劳工权的直接规定缺乏，现有的国际投资协定的实体法条款以及程序方面所表现出的不足也对劳工权的保护造成了阻碍。

第二，20世纪90年代末以来，中国实施了"走出去"战略，随着中国海外投资的数量不断增长，中国对外签订的国际投资条约的目标开始发生变化，不再着重于对外资进行管制，而是转变为促进投资自由化。这一方面为中国海外投资及投资者在法律上提供了强有力的保障；另一方面，为了进一步吸引外资，中国政府转变了传统立场，改变了强调东道国管制外资的政策与法律规定，为外资提供东道国国内法上的投资保护与自由，从而签订了一系列旨在促进投资自由化的国际投资协定。近十年来，中国双边投资协定注意吸收、借鉴国际上的有益经验，不仅在内容上更加丰富，而且协定条款本身的可操作性也有所增强，缔约实践有了长足的进步。可以说，中国签署的国际投资协定顺应了经济全球化发展的趋势，为吸引外资和经济发展，在中国的改革开放中作出了应有的贡献。但是，这种投资自由化的倾向在一定程度上限制了东道国国家主权的行使，削弱了主权国家对外资的监管，阻碍了国家可持续发展政策的实施，不利于东道国劳工权的保护。

一、投资协定的实体法内容给劳工权保护带来的障碍

(一) 投资协定条款缺乏对劳工权的直接规定

在中国签订的双边投资协定中，目前提及劳工保护条款的只有五个协定。有的是在协定序言中提到劳工权保护，有的是在投资协定中稍有涉及。在序言中提到与劳工保护有关的投资协定有：中国与文莱之间的双边投资协定，在其序言中并未明确声明要保护劳工权，用的措辞是注重"人力资源发展"的重要性；同样在中国与圭亚那、多巴哥岛所签订的双边投资协定中，在条约序言中明言，投资目标的实现离不开健康、安全等措施，缔约方应对此予以认同达成共识并普遍适用。

在我国所签订的国际投资协定中，在协定条款中直接对劳工权保护进行直接规定的并不多，例如2007年中国与新加坡签订的双

边投资协定第 5 条规定："对于缔约方任何与第三国或在同一地理区域的国家签订的旨在促进经济、社会、劳动等领域的共同合作的条约，缔约方不得将其义务延伸到另一国国民和公司。"后来的中国—泰国之间的双边投资协定第 8 条也有类似的规定。由此可见，中国所签订的双边投资协定虽然对于劳工权利有所涉及，但是并没有对劳工权保护作出进一步的规定，只是以宣言的形式简单地提及对劳工的保护，在条约宗旨中明确有保护劳工的意图，但是并没有对劳工保护作出进一步的规定，缺乏对劳工保护的具体内容，更没有在实施措施上进行保障性的机制规定。我国的双边投资协定范本与美国的投资协定范本相比，既没有明确劳工权保护的具体范围，也没有对缔约双方在劳工保护方面的具体权利义务予以规定，更没有对投资争端的磋商程序进行规定，因此还处于劳工保护的萌芽时期。

在中国对外签订的区域性协定中，涉及劳工权保护事宜的也是极少数条款。如在《中国—东盟货物贸易协定》中，只是简单设想建立一个劳工合作建设机制来保障劳工权的实施，促进劳工权利的实现，特别是劳工组织公约中所承认和保护的劳工权利，包括国际劳工组织所认可的核心劳工权利，以进一步提升劳工保护的标准。遗憾的是，虽然《中国—东盟货物贸易协定》对劳工权保护进行了规定，但是投资协定中并未包含具体的劳工条款，在劳工权利的具体内容、保护范围以及具体实施措施等方面，并没有更进一步的明确规定。

（二）现有的实体法条款限制了国家公共管制政策的实施，从而对劳工权保护带来了负面影响

（1）在国民待遇方面，近年来签订的中外投资协定都规定了国民待遇条款，1998 年以前规定了国民待遇条款的只有 20%左右；有的虽然规定了国民待遇条款，如中日协定、中韩协定，但是也有各种限制条件。例如 1988 年《中日协定议定书》规定："在实际需要时，根据有关法律的规定，为了国民经济发展的目的、公共秩序和国家安全，任何缔约一方给予缔约另一方国民和公司的差别待遇，不应低于该缔约一方国民和公司所享受的待遇。"1984 年，中

国与芬兰签订的投资协定中并没有关于国民待遇的规定，2004 年签订的投资协定中却对国民待遇作出了规定。关于国民待遇的解释，似乎有扩展其适用范围的倾向，虽然在此问题上有些中外投资协定还措辞模糊，例如 2003 年中德签订的议定书中，就将国民待遇的适用范围解释为"包括但不限于一项投资的管理、维持、使用、享有和处分"，这里所使用的"包括但不限于"的用语，就使得国民待遇条款的适用范围有进一步扩大的可能性。

（2）在最惠国待遇方面，也有扩大其适用范围的倾向。如在 1984 年中芬投资旧协定中，仅规定给予外资最惠国待遇限制在"投资或收益"方面，新协定则将其适用范围扩大至"设立、征收、运营、管理、维持、使用、享有、扩张、出售或投资的其他处置方面"。

（3）公平与公正待遇方面，我国签订的双边投资协定大多包含有公平与公正待遇条款，有的是单独对公平与公正待遇条款加以规定，有的则是与其他待遇标准联系在一起，例如《2003 年中德协定》单独做了规定："缔约一方的投资者在缔约另一方境内的投资应始终享受公平与公正的待遇"；2008 年签订的《中墨投资协定》却将公平与公正待遇和"最低待遇标准"联系起来，此规定明确了公平与公正待遇的含义，限定了公平与公正待遇的适用范围，即限定在对外国人实行的最低待遇标准范围之内，此规定防止与避免了将来仲裁庭对其做扩大化解释，这一规定对于维护东道国公共管理管制的行使具有重要意义，但是这一规定并不普遍，尽管如此，我国大多数的国际投资协定对于公平与公正待遇仍然缺乏更明确的规定，对其适用范围尚待进一步界定。

（4）在间接征收方面，我国所签订的大部分国际投资协定并未对间接征收作出明确规定，但是仍有一些变化，如 2006 年中国与印度之间签订的《中印协定议定书》就对间接征收作了规定，该规定要求在间接征收的认定上不能只考虑东道国的管制措施对投资者经济利益所造成的损害，还要兼顾措施效果与性质相结合的标准，考虑该措施的目的是否违反了投资者合理预期，在主观上是否具有歧视性的意图。① 另外，多数双边投资协定规定了征收补偿要按照赫尔准则中"及时、有效"原则进行支付，不应延迟；在投资价值计算的依据方面，《2004 年中芬协定》规定了采用"公平市场价值"，而没有明确规定被征收投资财产市场价值的计算方法，这对于将来外国投资者因中国政府的征收而主张损失补偿数额的计算增加了不确定性。

（5）保护伞条款。我国近期所签订的国际投资协定均包含有保护伞条款，例如 2003 年中德之间签订的双边投资协定规定："缔约任何一方应恪守其就缔约另一方投资者在其境内的投资所承担的任何其他义务"；2006 年与韩国之间签订的《中韩双边投资协定》也有保护伞条款的规定，这加大了中国因违反投资合同而被诉诸国际仲裁的可能性，从而由"合同义务"上升为"国际条约义务"，这样的扩大化解释有可能违背了缔约的最初意图，对我国是极为不利的。除此之外，如果投资者依据合同规定向中国本地法院寻求救济，中国法院对该投资争端作出了判决之后，当事方再次向 ICSID 提起仲裁，有可能损害我国主权，使中国国内法院的司法判决接受国际仲裁庭的审查。

上述中国签订的国际投资协定的实体法条款都提高了外资待遇，强化了对外资的保护，但是国民待遇条款、最惠国待遇使用范围的扩大以及保护伞条款的规定都有可能限制国家公共管制行为，从而对劳工权保护带来负面影响。

二、全面接受 ICSID 管辖的争端解决方式不利于劳工权保护

关于投资者与东道国的争端解决方式是晚近以来中国签订的双边投资协定中内容变化最大的一部分，中国早期对外签订的投资协定中大部分都没有 ICSID 仲裁条款。1998 年以前，能够提交 ICSID 仲裁的投资争端主要涉及以下三类：征收补偿数额方面的争端、双

---

① 王楠：《浅析近年来中外双边投资协定的若干特点及问题》，载《法制与经济》2009 年第 6 期。

方同意提交仲裁的争端、除中国声明保留以外的争端。① 1998 年
中国与巴巴多斯签订的双边投资协定规定，投资者与东道国之间的
任何投资争议，如无法通过友好协商解决，投资者单方就可以将争
议提交 ICSID 仲裁解决。此后，越来越多的中外投资协定中有了类
似规定，例如 2003 年签订的《中德双边投资协定》、2004 年签订
的《中芬双边投资协定》，这表明中国在投资争端解决问题上全面
接受了 ICSID 仲裁管辖，这一转变有助于更好地吸引外资，但是却
增加了中国被诉至 ICSID 的风险，国际投资仲裁庭仲裁的随意性与
仲裁裁决的不一致性，在很大程度上限制了东道国对公共利益管理
行为的实施，也不利于对劳工权的保护。

第二节　中国国际投资协定中劳工权
保护的改革与完善

一、转变国际投资协定的目标理念

根据联合国贸发会发布的《2013 年世界投资报告》显示，
2012 年，中国吸收的外国直接投资为 1210 亿美元，在全世界排名
第二位，仅次于美国；在海外投资方面，中国在 2010 年达 680 亿
美元，在全世界则排名第五位，2012 年升至 840 亿美元，全世界
则排名第六位。中国作为一个新兴市场经济国家，在数量上，无论
是外国直接投资的输入还是输出方面，还无法与美国平起平坐，但
是中国巨大的发展潜力却不容忽视。一直以来，中国在国际上的形
象主要是一个资本输入国，但是随着中国对外投资数额的增长，越
来越多的投资者走出国门到海外去投资，中国正在朝着海外投资大
国的方向迈进。所以，越来越多的国际经济法学界的学者认为，中
国正兼具资本输出国和资本输入国的双重身份。在这种"身份混
同"的转型期，中国的国际投资协定应做如何修改？是继续偏向

---

① 余劲松、詹晓宁：《国际投资协定的近期发展及对中国的影响》，载
《法学家》2006 年第 3 期。

于保护投资者利益应该偏向于维护东道国国内的公共健康、劳工权保护？这也引起了理论界和实务界的广泛关注与讨论。笔者认为，作为发展中大国，我国具有"平衡南北权益"的内在动因和客观需求，在当前调整或重构国际投资秩序的新形势下，需要认真总结我国30多年来国际投资协定的实践经验，改变投资协定的目标理念，深入研究相关国际实践和案例，特别是选择采用其中的创新要素，不能为了吸引外资，片面强调投资自由化，只顾维护投资者的利益，要及时制定我国"可持续发展友好型"BIT范本，改革投资协定条款，在实践中逐步推动和接纳投资人本化的理念与原则，在投资者利益保护与东道国主权维护之间寻求一种利益平衡，既注重保护投资者的利益，进一步吸引外资，又要考虑国家维护公共政策主权的行使，维护国内劳工、环境等公共利益，从而促进国际投资的可持续发展。

二、改革与完善投资协定中的实体法条款

（一）协定序言中加入劳工权等公共政策保护条款

在协定序言中一般包括签订的目的、原则、宗旨或者其他需要说明的问题，虽然序言不是投资协定的实质性内容，但是序言却决定着协定从制定到实施的整个过程，如果缔约双方在协定履行的过程中就协定的含义产生了分歧，一般就依协定序言对条款内容加以解释，所以序言对条款的理解与实施起到辅助作用。目前中国国际投资协定序言中强调劳工保护的并不多，大多只强调投资保护，在条款缺乏对劳工保护的情况下，仲裁庭的仲裁裁决很难作出对劳工权保护有利的条款解释。因此在协定序言要陈述尊重人权、民主理念以及公共政策保护的目的。加入劳工权保护等公共政策条款后，仲裁庭在判断东道国所采取的政策措施的正当性时，除了考虑保护和促进投资自由的目标之外，还要考虑公众健康、劳工权权保护等公共政策目标的实现，从而作出有利于东道国劳工保护的裁决。同时，与序言相呼应地，在条约中要明确规定劳工保护的必要条款，并规定可以缔约双方已经缔结或参加的国际条约及区域性的人权法律文件中劳工保护标准作为参考。

（二）在投资协定中设置劳工权保护条款

这一点可以仿照美国 2012 年 BIT 范本的模式，并在投资协定条款中对劳工权保护的内容和范围进行明确规定，也可指明是否包括国际公认的核心劳工权利；为了切实保护劳工条款在投资中的运用，落实劳工权条款的履行，可以规定不履行劳工权的程序惩罚条款以及可能采取的具体措施。这样，从投资条款的内容到保证执行措施都予以规定，以确保劳工权得以全面保障。对于中国境内的外商投资，要兼顾外商投资企业与本国劳工权利的利益，这就要求中国在制定国内立法或对外签订国际投资协定时，要注意平衡外国投资者的权利和义务，既要在投资协定文本中规定投资者的权利又要明确其禁止性义务，如侵犯劳动权或者其他人权的行为都要承担一定的法律责任。

（三）设置根本安全例外条款

根本安全条例外条款又称作安全条款，它历来被各个国家充分利用，从而为东道国的公共利益事务管理寻求安全港湾。因此，我国在对外签订的国际投资协定中可以充分利用这一安全条款，排除国际投资仲裁庭对涉及国家安全的投资争端的管辖权。例如可以在协定中规定，国家为了保护国家安全、人权、公共健康、环境等社会公共利益所采取的措施作为整个条约的例外，此类争议事项免于提交仲裁管辖。这样的例外规定，为我国采取公共利益管制措施留下了较大的空间，有利于在特殊情况下行使国家主权，也避免当保护公共利益与投资者利益发生冲突时，国家面临被诉的风险。因此，在中国未来所签订的国际投资协定中，应对设置安全例外条款加以考虑并予以规定，这样才能防患于未然，在面临重大突发事件的情况下，才不至于像阿根廷一样遭遇大量的投资争端仲裁诉讼，置自己于不利的诉讼困境。

（四）改革投资协定中的实体法条款

1. 国民待遇条款

为了避免国际投资仲裁庭对国民待遇条款的适用范围作出扩大化解释，应该限制仲裁庭行使自由裁量权。因此，我国应该对国民待遇条款进行详细的规定，包括国民待遇的含义与范围都明确作出规定。具体地讲，中国应当给予外资以有条件的国民待遇，声明在不影响本国法律法规实施的情况下，给予外国投资者国民待遇，有了这样明确的条款规定，即使将来面临诉讼，也为中国政府在特定情况下行使东道国主权管制权留有一定的空间余地。关于具体的国民待遇条款规定内容，可以继续沿用 2007 年中国—韩国之间的双边投资协定中的明确规定，在"扩张、运营、管理、维持、使用、享有、销售和其他对于投资的方面，每一个缔约方应在其领土内提供给缔约另一方的投资者和他们的投资不低于在相似条件下其提供给其本国投资者和他们的投资的待遇"。① 该条款明确了国民待遇的具体适用范围，还规定了其适用领域为"相似条件"下，但是中韩协定未对"相似条件"做详细的解释，以后中国签订的双边投资协定中除了参考该条款规定外，还要对"相似条件"作出进一步的解释与说明，这样就为国际投资仲裁庭适用国民待遇条款提供了明确的指导，在一定程度上可以防止或避免仲裁庭作出不利于中国政府的仲裁裁决。

2. 最惠国待遇

关于条约中的最惠国待遇条款，我国近期签订的双边投资协定都对此条款进行了规定，其适用范围还有扩大之势，因此需要进一步限定其适用范围。另外，为了防止最惠国待遇条款发挥其多边的自动传导效应，要在投资协定中明确规定最惠国待遇条款只适用于实体方面的权利，不适用于程序方面的权利，以防止扩大国际投资仲裁庭对争端案件的管辖权，减少我国在国际投资仲裁庭被诉的风险。

3. 坚持公平与公正待遇的界定标准，并进一步明确其内容与范围

公平与公正待遇的具体内容抽象，在理解上容易产生分歧，资本输入国与资本输出国站在各自的立场与角度，对公平与公正待遇的解释各不相同，发达国家作为主要的资本输出国，在实践中倾向

---

① 许燕：《浅析我国双边投资协定应有之转型——以阿根廷国际投资仲裁危机为视角》，载《企业导报》2012 年第 9 期。

于作扩大化解释，仲裁庭在实践中多数情况下进行了扩大性解释，使得投资者将此条款作为向东道国索赔的重要依据。为了维护我国对外资正常的法律管制权，我国有必要在所签订的国际投资协定中对公平与公正待遇作出解释，应具体地确定公平与公正待遇的内容和范围，将和公平与公正待遇内容认定有关的具体要素或规则予以明确规定，例如保障正当法律程序、禁止差别待遇、禁止拒绝司法等规则，这些规则都来自于国际实践，并且都已经被国际社会普遍接受或认可，将其作为公平与公正待遇内容的一部分，不会引起争议，也可以将公平与公正待遇标准界定为最低国际法待遇。另外，还可以规定公平与公正待遇的例外条款，可以在条约中明确规定，有碍于东道国为下列之目的而行使国家的立法和行政保护措施的，作为公平与公正待遇的例外条款，不在可仲裁诉讼事项之范围，这些目的包括维护或保护东道国国内的公共秩序、公众健康、劳工权等人权或环境等。①。

4. 进一步限制间接征收的范围

鉴于间接征收的构成模糊不清，近年来的国际投资仲裁中，越来越多的投资者以东道国行为构成间接征收为由限制东道国的公共事务管理权，将东道国诉诸国际投资仲裁庭并要求赔偿。面对此种情况，我国应在坚持已有做法的基础上，做到下面两点：一方面，在新签订的国际投资协定中要坚持对间接征收的定义及适用范围进行明确规定，以防止仲裁庭的扩大化解释；另一方面，要考虑东道国只要是出于善意的、正当的目的，例如为了维护国家安全、公共健康、人权保护、环境等社会公共利益所采取的管制措施都不应被认定为间接征收，或者作为间接征收的例外，以保障国家正当公共利益管辖权的行使，从而使国内的劳工权等人权得以正当维护。

三、进一步推动国际投资协定的争端解决机制改革

中国的双边投资协定自 1998 年中巴双边投资协定签订之后，

---

① 余劲松：《国际投资条约仲裁中投资者欲东道国权益保护平衡问题研究》，载《中国法学》2011 年第 2 期。

情况慢慢发生了变化，BIT 的争端解决条款开始逐渐接受国际投资仲裁庭的管辖，扩大了可仲裁事项的范围。笔者认为，鉴于中国目前在国际社会中的"双重身份"，此问题要根据具体情况区别对待：为了保护中国海外投资者的投资利益，在与发展中国家签订双边投资协定时，可以全面接受 ICSID 仲裁管辖权；但是，在与发达国家签订双边投资协定时，应当限制仲裁庭对投资争端的管辖权，仅同意将涉及征收补偿额的争端纠纷提交国际仲裁机构，即实行部分接受 ICSID 仲裁管辖权，以防止仲裁庭作出对我国不利的裁决。除此之外的其他争端是否提交国际仲裁，还需要投资者与东道国协商决定，从而尽量减少或避免国际投资仲裁庭限制我国对公共利益的管辖权。

余　论

在国际投资仲裁实践中，仲裁庭对人权保护问题似乎有意回避或者处于两难的困境，这有两方面的原因：一是国际投资仲裁的商业化特征，二是国际公法体系与国际投资法体系存在差别。仲裁员更倾向于适用双方投资协定的约定，甚至将其视为唯一的法律适用依据，赋予双方合同很强的法律效力，因为合同是基于双方的合意而达成，而仲裁庭的组成也正是基于双方投资协定的约定，可以说，没有当事人的意思表示一致，仲裁庭就没有对投资争端案件的管辖权。因此，如果要探讨投资仲裁程序中的人权问题，就涉及两个方面的重要问题：一是仲裁庭对涉及劳工权等人权问题是否有管辖权？二是包括劳工权在内的人权法能否在仲裁中适用？

一、仲裁庭对与劳工权有关的投资纠纷是否有管辖权

管辖规则在本质上是宪法规则。国际投资法庭是在经当事人同意的一个个案件的基础上构成的，仲裁协议包含在 BIT 中或其他地方，投资协定的约定决定了一个法庭的管辖范围。因此仲裁庭管辖权范围取决于投资协定对"争议"的定义。一般来讲，国际投资协定中规定了两种可仲裁事项：一类直接限定仲裁庭的管辖事项为"投资争议"，即违反投资协定实体法条款的争议，如《北美自由贸易协定》将违反有关投资待遇的争议限定为可仲裁事项；另一类则扩大仲裁庭的管辖范围，规定只要是"与投资有关的争议"，仲裁庭均可行使管辖权，例如《德国双边投资协定范本》（2008年）第 10 条规定："与投资有关的纠纷，未能达成和解的，可以在投资者同意的情况下，提交仲裁庭解决。"与德国规定相类似，中国与哥斯达黎加之间的《中华人民共和国政府和哥斯达黎加共

和国政府关于促进和保护投资的协定》（以下简称《中哥投资协定》）第9条规定仲裁庭的可仲裁事项为与投资有关的任何法律争议。上述 NAFTA 的规定对仲裁庭可仲裁事项的规定似乎更严格，貌似排除了仲裁庭对劳工权问题的管辖，而德国的 BIT 范本以及《中哥投资协定》则扩大了仲裁庭的管辖权，从而为投资仲裁庭对与劳工权有关的投资纠纷行使管辖权留有一定的余地。

在目前的投资仲裁机制下，东道国与投资者是提起投资仲裁程序的主体，因此，这两个主体对劳工权问题只可能以下列两种方式与理由提出：一是由投资者提起仲裁，提起仲裁的理由是投资者的投资财产权受到了侵害，这时仲裁庭对此争议事项当然具有管辖权；二是为了保护其本国国内居民的劳工权利等人权而采取管制措施时，其采取的措施影响了投资者利益，东道国以保护人权为由，对自己的行为进行抗辩。

在东道国为其管制行为进行抗辩时，往往会以国家所承担的国际人权作为理由。笔者认为，在此情况下，上述两种规定下的仲裁庭，无论是 NAFTA 仲裁庭还是《中哥投资协定》下的仲裁庭，均有管辖权。因为东道国所提出的人权抗辩并非是为其所提出的独立的人权诉求进行抗辩，是为影响投资的政府行为以及此行为的正当性、目的与动机进行抗辩，它既与劳工权等人权保护有关，也与投资密切相关，因此如果侵犯东道国劳工的权利或东道国建立在劳工权保护基础上的防御规范，都在法庭的管辖范围内，仲裁庭应具有管辖权。在这方面早有先例，例如 "Maffezini v. Spain" 案（以下简称 "Maffezini 案"）。在该案中，Maffezini 先生是阿根廷籍的投资者，他在西班牙投资建立了一个化工厂，后与当地政府产生争议。根据1991年《西班牙与阿根廷双边投资协定》第10条的规定，Maffezini 必须先向西班牙当地法院寻求司法救济，如经过18个月，仍未获得判决的，才能向"解决投资争端国际中心"（ICSID）提起仲裁。然而，根据1991年《西班牙与智利双边投资协定》第10条的规定，如果双方进行了先期6个月的磋商未果，缔约一方投资者便可将双方争议诉诸国际投资仲裁庭。同时，《西班牙与阿根廷双边投资协定》第4条第2款规定了最惠国待遇条款。于是 Maffezini 先生要求援用此最惠国待遇条款，要求获得《西班牙与智利双边投资协定》第 10 条规定的待遇，即不是必须先向西班牙当地法院寻求司法救济，而是直接将争议提交国际仲裁庭。ICSID 仲裁庭支持了 Maffezini 先生的诉求，对该案的管辖权问题作出裁决，认为就争端解决程序事项应该适用最惠国待遇条款。该案裁决指出，虽然基础协定没有明确表明最惠国条款适用于争端解决，但是外国投资者的保护与争端解决之间有着密切的关系，从保护外国投资者权益出发，第三方条约中的争端解决条款比基础协定的规定更为有利，那么，第三方条款可适用于最惠国条款。① 上述案例只是一个有关投资的争议，在双边投资协定中也并未约定 ICSID 仲裁庭有管辖权，但投资者可能通过援引双边投资协定中的最惠国待遇条款，适用其他条约中的争端解决条款，从而使得 ICSID 仲裁庭获得了对此案件的管辖权，而这项通过援引而产生的管辖权同样得到了 ICSID 仲裁庭的认可。

二、国际劳工权等人权规则在国际投资仲裁庭的选择适用问题

上面讨论了 ICSID 仲裁庭在与劳工权有关的投资争议问题上应该是具有管辖权的，接下来的问题是解决投资争议应适用哪些法律。

（一）仲裁庭保护劳工权的困境

1. 东道国投资协定义务与保护人权国际义务之间的冲突

在国际法上，尊重、保护并实现人权是主权国家的一项义务，属于国际强行法的范畴，必须履行。这是国际人权法的要求，这要求国家一方面不能干涉公民的人权；另一方面，还要积极采取措施确保个人的权利，当跨国公司剥夺以劳工为代表的公民的人权时，国家应当利用其职能去管理，不仅要规制和管理本国经济，也包括对外国投资者的投资进行管理，实行外资监管权，以实现其在国际法上所作出的尊重、保障人权的承诺。

---

① 徐崇利：《从实体到程序：最惠国待遇适用范围之争》，载《法商研究》2007 年第 2 期。

东道国为了吸引外资，与资本输出国签订了大量的双边投资协定，以促进本国经济的发展。各国缔结 BIT 的最初目的是，保护投资者海外投资的合法财产权益，防止其受到东道国主权管制的干涉，限制东道国任意行使公权力。因此，当东道国与投资者出现投资争议时，在投资仲裁庭上，外国投资者可以投资协定缔约双方的意图或目的抗辩东道国实施公共利益管制措施的正当性，东道国却可能会援引国家的所承担的国际人权义务进行对抗。根据国际法的古老原则"约定必须遵守原则"，东道国必须遵守其在投资协定中所承担的义务，不论一项条约涉及的是人权义务还是投资义务。这样，在涉及人权保护方面，投资仲裁庭就陷入了困境，面临一个难以抉择的问题：在解决纠纷的过程中，当东道国所应承担的国际人权义务与其所承担的投资条约义务发生冲突时，两者孰轻孰重？哪一个应该处于优先的位置？这对投资仲裁庭来说，似乎是一个难以回答的难题。

2. 东道国保护本国劳工权的国际义务与保护投资者义务的冲突

在国际投资协定下，东道国有保护投资者权益的义务。同时，在国际法上，东道国有人权保护的国际义务，投资仲裁的实践表明，东道国所承担的这两项义务有时会发生冲突，此时东道国无法同时履行这两项义务，也不能兼顾此两项义务。例如国家为履行促进与保护国内劳动者的平等就业权，有权禁止外国企业在国内采取强迫性或其他奴役性的用工方式，这样一来，东道国就有可能违反投资协定中有关公平与公正待遇的义务，并因此被外国企业诉诸国际投资仲裁庭。此种情况下东道国即可以其承担的人权方面的国际强行法义务为抗辩理由。例如前文已讲述的 2007 年的 "Piero Foresti 等诉南非案"①，在此案中，投资者进一步指控南非政府的立法，指责强制其聘用历史上处于不利地位的南非人担任经理，违反了公平与公正待遇的规定。东道国的抗辩理由是，它不仅承担国

---

① 参见 Piero Foresti, et al. v. Republic of South Africa, ICSID Case No. RB (AF) /07/1 (31 August 2007).

家投资的条约义务，作为一个国家更要承担人权方面的国际强行法义务。但是遗憾的是，仲裁庭却忽略了东道国作为主权国家保护人权的国际义务，只是认为东道国违反了其应承担的国际条约义务，即双方缔结的国际投资协定下保护外国投资者的义务，从而作出了有利于投资者的裁决。

（二）国际仲裁庭人权保护的实践

在实践中，国家投资仲裁庭是如何解决国家的条约义务与国际人权保护义务的冲突呢？以 Azurix Corp. v. 阿根廷案（Azurix 案）为例：Azurix 公司是一家美国设在阿根廷的子公司，该公司与布宜诺斯艾利斯省签订了一份特许合同，要求布宜诺斯艾利斯省为 Azurix 公司提供供水服务，为期 30 年。阿根廷经济危机期间，政府采取了一系列管制措施，其中包括拒绝原告提高供水价格的要求，Azurix 公司以此为由，将阿根廷政府起诉到 ICSID 仲裁庭。Azurix 公司诉称，阿根廷所采取的管制措施违反了其与美国签订的双边投资协定，并致使其投资遭到"相当于征收的措施"的损害。阿根廷政府提出的抗辩理由是，其与美国签订的双边投资协定规定了阿根廷作为东道国有保护投资者义务，但是作为一国政府，阿根廷也负有保护消费者权利的人权条约下的义务，两者发生了冲突。为此，阿根廷提交了一份由阿根廷 Solomoni 博士出具的专家意见书。该意见书明确指出，当国家缔结的人权条约下的义务与双边投资义务下的义务相冲突时，应当优先考虑适用人权条约的规定，理由是：Azurix 公司是一个服务提供商，其所享有的权利属于私人利益的范畴，而消费者的权利属于公共利益的范畴，当私人利益与公共利益产生冲突矛盾时，私人利益必须服从于公共利益，公共利益应优先得到保护。而申诉人 Azurix 公司主张，特许协议已经对消费者用户的权利进行了充分保护，用户的权利并未因特许协议的终止而受到影响，阿根廷政府也不能充分证明消费者用户是否因此受到了影响。① 仲裁庭最终还是支持了申诉人 Azurix 公司的主张，作

---

① Azurix Corp. v. Argentine Republic, ICSID Case No. ARB/01/12, June 23, 2006, para. 254.

出了对阿根廷政府不利的裁决，并在裁决中认为，对于申诉人Azurix 公司提出的问题，阿根廷政府并没有进行充分的争辩，双方签订的双边投资协定中规定的条约义务与对消费者人权保护义务之间具体存在哪些冲突，仲裁庭也无法了解，而且在发出终止特许协议后的 5 个月，作为申诉人的 Azurix 公司还没有停止对用户提供服务。①

在另一个案件，即 CMS 公司诉阿根廷案中，阿根廷提出的抗辩理由，与上述的 Azurix 诉阿根廷案相同。阿根廷认为，当国际协定与一国宪法发生冲突时，国际协定不能凌驾于阿根廷宪法之上，虽然国际协定与一般法律相比，其效力要高，但是，它必须在阿根廷宪法规定的范围内，与宪法保持一致。如果国际协定想取得与阿根廷宪法同等的地位，则必须要得到阿根廷宪法的承认，这些被认可的国际协定的效力要高于一般性的国际协定，而阿根廷所签订的双边投资协定属于一般性条约，因而当两者发生冲突时，国家所承担的基础性的国际人权保护义务要优先于一般投资协定下的义务。但是，仲裁庭认为，在本案中，并不存在条约义务与人权义务的冲突，因为宪法也对财产权进行保护，这一点与人权条约的规定是一致的；另外，双方所争议的事项并没有对基本人权保护产生影响。② 仲裁庭仍然作出了有利于 CMS 公司的裁决。

从以上两个案件中仲裁庭的解释与裁决，我们可以看出国际仲裁庭在此问题上的态度：当国际人权法所赋予的国家人权保护义务与其所缔结双边投资协定下的条约义务产生冲突时，仲裁庭却对东道国所承担的国际人权保护义务视而不见，并对于人权义务与投资条约义务存在冲突的事实不承认或者故意避开，试图援引国际人权义务进行抗辩的东道国的主张，并没有得到仲裁庭的正面回应与承认，因此在实践中，如何解决投资仲裁中上述两种条约义务冲突问

---

① 李凤琴：《国际投资仲裁中的人权保护》，载《政法论丛》2010 年第 1 期。

② 李凤琴：《国际投资仲裁中的人权保护》，载《政法论丛》2010 年第 1 期。

题，仲裁庭无法为各国提供一个具体的指导案例。然而，值得一提的是，适用国际法来解释投资协定中的权利是仲裁庭的通常做法，那么这里的"国际法"也应当包括"国际人权法"，由此东道国已经加入的国际条约中的人权义务也应在仲裁庭的考虑范围之内，当东道国承担的国际义务相互冲突时，应对这两项义务加以适当协调，而不只是允许投资规则凌驾于人权规则之上。

（三）国际人权规则在投资仲裁中的选择适用问题

1. 投资仲裁庭解决投资争议应适用的法律

关于投资仲裁庭的法律适用问题，《ICSID 公约》第 42 条第 1 款规定："仲裁庭应依照双方可能同意的法律规则对争端作出裁决。如无此种协议，仲裁庭应适用作为争端一方的缔约国的法律（包括其冲突法规则）以及可能适用的国际法。"加拿大 BIT 范本和德国 BIT 范本也规定了适用"可适用的国际法"。另外，在我国对外签署的 BIT 中，也规定了仲裁庭可以适用的法律为：双边投资协定的规定、东道国国内法、缔约双方接受的国际法原则或者普遍接受的国际法原则。归纳一下，对投资仲裁庭来讲，可选择适用的法律一般包括以下三种：争议双方根据意思自治原则选择适用的法律、国际社会公认的国际法原则、东道国的国内法。

对上述列举的投资仲裁可以选择适用的法律，我们可以认识到，当投资者与东道国者之间产生冲突时，双方不可能就法律适用达成一致意见，这是由二者之间的冲突性质决定的，投资者不可能为了保护东道国的人权而放弃自己的财产权，东道国更不可能为了保护投资者的财产权益而放弃自己的主权；其次，目前涉及劳工权保护的国际法规则多表现为国际条约或者国际公约，从这些国际条约或国际公约的效力和适用范围看，其很难与国际公认的国际法原则相提并论，实践中，很少也很难将其当作"国际法原则"加以适用。最后，似乎可以适用东道国的国内法律来保护东道国本国劳工的权利，但是适用东道国的国内法也存在一些不可回避的问题。东道国制定的保护本国居民人权的国内法属于典型的公法，其最初制定的目的也不是用来解决东道国的人权保护与外国投资者财产权之间的纠纷。在传统的商事仲裁中，仲裁员在解决争议双方纠纷时，一般根据国际私法的相关规定适用准据法，在仲裁实践中，投资仲裁庭打破传统转而选择适用东道国公法的案例少而又少。

在国际投资仲裁中，能否适用国际人权法？国际人权法作为国际法的一部分，如果得到适用需要具备两个条件：一是仲裁庭有适用国际人权法、国际劳工法的意愿或者义务；二是国际投资协定为适用国际人权法、国际劳工法提供了条件。这样，与劳工权有关的人权法律规范就可以通过法律条文的选择进入双边投资协定中。关于第一个条件，有些国家的 BIT 范本也对此作出了明确规定、如上面所述的 2004 年加拿大双边投资协定范本第 40 条规定，法庭"根据本协议及适用的国际法规则"来决定适用的规则。《北美自由贸易协定》和 ECT 也将考虑适用国际法。有些国家的 BIT 法律条款中虽然没有明示选择适用何种法律，但是在选定的程序规则中可能包含法律条文，例如德国 BIT 范本（2008 年）规定、ICSID 公约第 42（1）规定，除了宣称争端一方缔约国的法律外，"那些可以适用的国际法规则"也可以用来解决纠纷。然而，联合国国际贸易法委员会规则不太倾向于适用国际法，并认为仲裁庭应适用冲突法确定适用的法律。尽管如此，在某个具体争端中，双方当事人对于他们之间产生的纠纷，仍然有可能选择适用国际法，或者是国际人权法来解决。

在这里还有一个问题，这里所讲的国际法到底包括哪些？国际投资协定甚至 ICSID 公约都未对国际法给出一个明确的定义，也未对国际法所包括的范围作进一步的说明，这就需要对"国际法"一词进行解释。世界银行在关于 ICSID 公约的《执行董事会报告》中对国际法进行了解释，认为这里的国际法应与《国际法院规约》第 38 条第 1 款所包含的意义相同。① 因此，这里所说的国际法除了包括国际社会公认的国际条约、国际惯例以外，各国所公认的一般法律原则、司法判例和权威学说等也在此范围之内。因此，由国际公约所确认的人权规则就可能作为国际法的一部分而被适用。国

---

① Report of the World Bank Executive Directors on the Convention, ICSID / 2, p. 13.

际劳工法属于国际人权法的一部分，因此也被考虑在内。国际人权法包括强行法和非强行法两种。而大多数学者认为，受国际强行法保护的人权有：（1）生命权（包括不得任意遭到屠杀的权利和免受种族灭绝的权利）；（2）不得遭受酷刑和其他遭到人格侮辱的权利；（3）不得被实行种族隔离；（4）妇女和儿童不得被贩运；（5）不得被当作奴隶而被使用的权利；（6）不得被强迫劳动、不得被奴役的权利。① 由此可见，与劳工权有关的权利也包括在受国际强行法保护的人权范围之内，在这些权利均为公民权利和政治权利或者劳动者在工作中的基本权利，属于国际人权法的一部分。

2. 国际人权规则在国际投资仲裁庭的适用

如上所述，国际投资仲裁庭在解释和适用国际投资协定时可选择适用的法律范围，除了适用国际经济法领域所特有的国际规则之外，一般的国际法规范仍然在其可以选择适用的范围之内。同时，国际投资法自身也不是一个完备自足的法律规则体系。国际投资法仍然属于国际法，在宏观上仍受国际法基本原则的约束，国家的投资条约义务源于国际投资协定，因此，国际法的基本法理规则也对此义务进行了限制。其次，对于仲裁庭在解决国际投资争端时的法律适用问题，各国在其所签订的国际投资协定中也经常作出明确规定，即仲裁庭应该"考虑可适用的国际法规则"。另外，各国的双边投资协定和《解决他国国民和国家间投资争议的公约》中也规定，为了解决投资争端，国际仲裁庭可以选择适用国际法规则。实践中，关于条约解释及国家责任等方面的国际法规则一直是国际投资仲裁庭选择适用的对象，以使国家的非投资国际义务得到国际仲裁中的重视与适用，归纳一下，关于国际仲裁庭适用国际法的情况主要包括以下三种：

（1）引入人权规则解释 BIT 条款的具体含义

如前文所述，各国 BIT 条文的规定一向很模糊，如投资者的"公正与公平待遇"，何为公平与公正待遇？国际法上没有一个明确

---

① 白桂梅：《国际强行法保护的人权》，载《政法论坛》2004 年第 2 期。

的定义，在不同的背景下对此有不同的理解，所以也就很难给它下个统一的、广泛适用的定义。但是，作为国际法自身的产物，BIT需要在国际法解释原则的基础上对其进行解释。除了通常的意义、背景、对象和目的、实践以及其他解释手段，为了正确理解某一特定条约术语，"国际法律原则"也往往被适用。有时，缔约双方也承认，对一个法律术语的理解会随着时间和法律的发展而改变，因此对双边投资协定中相关概念的理解也是不断发展的，与人权有关的法理从过去到现在一直被援引解释实质性和程序性的 BIT 条款的含义。例如在实践中，欧洲人权法院的有关判决结论经常被国际投资仲裁庭大量引用，以用来确定东道国的管制措施是否构成间接征收。例如，在 Tecmed 仲裁案件中，专家小组参考了欧洲人权法院的判例法中各种有关公共利益征收方面的法规，美洲人权法院在布朗斯汀案（Bronstein）中所作出的关于征收的解释，也被投资仲裁庭加以援引。该解释认为，在界定是否发生某种征收时，判断一项措施或行为是否确实已经构成对财产的征收，应该从实质上而不能只限于对财产进行剥夺和限制等形式上进行判断,① 这一解释对后来仲裁庭的裁决都产生了影响。例如，2005 年麦森艾克司公司（Methanex）诉美国案中，仲裁庭的仲裁裁决认为，东道国通过正当程序采取的管制措施是出于保护公共目的的意图，在主观上并无歧视，则不构成征收，此项措施即使对外国投资及外国投资者产生了影响并造成了损失，东道国也不需要进行赔偿，对以上原则应该没有争议。② 但是，为了保护投资者的投资利益，仲裁庭作出的类似裁决并不多见，类似的法庭参考也是有限的。例如当仲裁员建立的合法预期的概念作为一个关键因素应对国内监管时，各国必须考虑支付他们立法成本的法律费用。此外，也有法庭在投资仲裁中断然否认国际法律规则的相关性。然而，通过对条约条款的解释，可

① 李凤琴：《国际投资仲裁中的人权保护》，载《政法论丛》2010 年第1 期。

② Methanex Corp. v. United States, Final Award, ICSID（World Bank）（2005）.

以为人权留有一定余地。如何在实践中利用这种灵活性，则另当别论。

（2）推定遵守国际强行法

在国际法领域，为人权法的优先适用提供了主要法律依据的是《维也纳条约法》。《维也纳条约法》第53条规定，"一般国际法强制规范指国家之国际社会全体接受并公认为不许损抑，且仅有以后具有同等性质之一般国际法规范始得更改之规范"，"条约在缔结时与一般国际强制规律抵触者无效"。①

国际强行法，是指与任意法相对应的一个概念，也被称为强制法、绝对法或强制规律，其目的是为了维护全人类的共同利益和社会道德，国际强行法规则是自然法在实在国际法中的体现，指必须绝对执行的法律规范。1953年，劳特派特在其向国际法委员会提交的《关于〈维也纳条约法公约〉的特别报告》中，提倡引入强行法，他认为这种具有绝对性的法律规范是自然国际法的表现，并将强行法称为"超越一切的原则"。对于国际强行法的具体范围虽然还存在争议，但根据联合国国际法委员会的列举，包括但不限于以下规则：不得从事国际法上的犯罪行为；不得使用武力；尊重人权、国家主权平等和实行自决原则；不得买卖奴隶、从事海盗行为和灭绝种族的行为。②

根据前述的国际原则，与国际强制法规则相抵触的一般条约无效。因此，投资协定各方在主观上并不想使他们的约定与现有的国际法强行规则不一致，以免产生冲突而无效。根据这个解释性的做法，一般的BIT条款不被视为已默认免除保护人权的国际习惯法。从本质上讲，这种推定来源于要用连贯的眼光去看不同领域的国际法。例如，在BIT中确定"征用"的含义时，什么是可接受的东道国行使公共管理权的权限，国际法强行规则在这方面就可以提供重要的指导。从保护投资者利益的出发点来看，BIT有点刻意禁止

---

① 梁西：《国际法》，武汉大学出版社2000年版，第56页。

② ［美］詹宁斯·瓦茨修订：《奥本海国际法》（第九版），王铁崖等译，中国大百科全书出版社1995年版，第5页。

政府监管，以防止政府利用手中的公共管理职能侵害投资者的投资利益，但是上述古老原则要求各缔约国履行国际法的强制性规范（强制法的义务），如制止对劳动者的现代奴役或酷刑，禁止强迫劳动，即使有些措施是否跨越强行法的界限还存在争议，各缔约国也应遵守，而不能因存在争议就可以随意解释与忽略。因此，即使缔约各方在 BIT 中未指明适用的与劳工权有关的争议的法律，从劳工权早已受国际法强行法保护这一事实出发，国际仲裁法庭可以推定遵守国际法的基本原则，从而适用劳工权等人权保护方面的国际法来解决这一争端。

如上所述，为了对东道国国内人权进行保护，在实践中，国际投资仲裁庭在选择适用法律时优先适用了国际人权规则。因此，即使与其所承担的投资条约义务不一致，东道国依据国际强行法规则下的义务而所采取的管制措施也是受到法律保护的，即便因此而对外国投资者造成损害，东道国也不因此而承担条约下的赔偿责任。例如 2007 年的"Piero Foresti 等诉南非案,① 国家为履行国际强行法上规定的保护人权的国际义务，禁止外国企业在国内采取非法的用工方式，如强迫劳工劳动或采取其他奴役性措施。此案涉及了国际强行法规则的适用，主要是有关禁止种族歧视方面的规定，如《消除一切形式种族歧视国际公约》中关于禁止种族歧视的国际义务，在上述冲突中，外国企业以东道国违反了投资协定中有关保护外资、给予外资待遇的义务而向国际投资仲裁庭提起诉讼，东道国即可以其承担的人权方面的国际强行法义务为抗辩理由。

因此，仲裁庭在解决投资争端时，如果存在强制性的国际人权

---

① 南非政府制定的《黑人经济授权法》中规定：政府在许可外国投资开发本国矿藏时，应要求外国投资企业雇佣黑人或其他因历史原因处于不平等地位的南非人担任经理，并应把公司 26% 的股份转售给他们。2007 年 8 月，一名意大利投资者 Piero Foresti 及其位于卢森堡的控股公司以该法违反了南非与意大利及卢森堡间投资条约中的"公平与公正待遇"条款为由，要求国际仲裁庭裁决。参见 Piero Foresti, et al. v. Republic of South Africa, ICSID Case No. RB（AF）/07/1（31 August 2007）.

规则与国家的条约义务相冲突，国际法规则作为其可援引、适用法律的一部分，毫无疑问应当优先适用国际人权规则，因为国际人权规则是国际强行法，具有一定的强制性。

（3）适用《维也纳条约法公约》第31条

《维也纳条约法公约》第31条（1）规定："条约应依条约之用语按其上下文并参照条约的目的及宗旨所具有的通常意义，善意地加以解释，也就是说，在对条约进行解释时，应该正确地探求条约中所使用的措辞的意义，同时还应全面考虑条约的目的与宗旨，不能孤立地看待约文，只抓只言片语，望文生义。"① 依此，在对条约进行解释时，一方面要结合条约的目的与宗旨，另一方面要按照条约的通常含义，并作出正确、善意的解释。一般来讲，条约的目的与宗旨大多体现在条约序言中，因此仲裁庭可能会依据序言所声明的目的进行解释。实践中，国际投资仲裁庭就此依据上述第31条（1）的规定进行解释。例如"Myers公司诉加拿大案"，该案案情是：Myers公司是美国籍的一家公司，其在加拿大设有一家分公司，其在加拿大境内的主营业务是收集PCB并出口到美国并进行处理，而PCB是一种有毒的化学物质。1989年，加拿大加入了《控制危险废物越境转移及其处置的巴塞尔公约》，而当时美国还没有加入该公约，该公约规定，不允许将危险废物出口给非公约的缔约国。加拿大根据其加入的《巴塞尔公约》的规定，于1996年颁布法令禁止PCB出口到非公约缔约国美国，此禁令严重影响了Myers公司的经营业务。于是，Myers公司就以加拿大政府颁布的禁令违反了《北美自由贸易协定》第11章的有关规定为由，提起国际仲裁。在此案中，仲裁庭根据《维也纳条约法公约》第31条（1）的规定，对条约进行了解释，并认为从条约的目的出发，东道国对投资者应负有投资条约下的保护义务，在上述两个国际条约中，加拿大的投资条约义务与环境保护义务并没有发生冲突，但是，本案的仲裁庭却并没有依据《维也纳条约法公约》第31条

① 梁西：《国际法》，武汉大学出版社2000年版，第427页。

（3）的规定，考虑适用"在投资条约缔约方间可适用的任何相关国际法规则"，① 相反，却拒绝适用有关的国际法人权保护规则来解决双方的争端纠纷，作出了对加拿大不利的裁决。同样的案例还有西门子（阿根廷）公司诉阿根廷政府案，该案的仲裁庭认为其仲裁裁决应受到该条约宗旨的限制。同时，仲裁庭认为，在双方签订的条约中，缔约方的目的明确指出，该条约是一个"保护"和"促进"投资的条约，其签订的目的是为该投资者创造有利的条件，要为私人企业的投资活动提供保障。② 根据这一规定，应在条约解释时与条约目的与宗旨结合起来。《维也纳条约法公约》第31（3）条规定的"任何有关适用于当事人之间的国际法规则"作为"万能钥匙"打开了适用国际法规则的闸门，除去所有的管辖和法律适用的限制，重新改写了双方的义务，它允许引进一定程度的协调机制到国际法的各个辅助领域。因此在解释国际投资条款时应将《维也纳条约法公约》第31条第（1）、（3）项结合起来，既考虑"条约目的与宗旨"，也要考虑适用"在投资条约缔约方间可适用的任何相关国际法规则"，以最大可能性地间接提高劳工权保护在投资仲裁中的地位。

3. 解决国际法和 BIT 规定之间的实际冲突的方法

（1）在投资协定中规定一个明确的冲突解决条款

有这样明确指示的一个例子是美国的 2004 年 BIT 范本，明确规定了劳工保护条约优先的冲突条款。例如，该范本第 13 条规定："缔约双方认识并承诺，为了对其境内设立、并购、扩大投资进行鼓励，而采取降低和减少对国内劳工保护法律的规定的方式是不合适的，这些措施应与保护国际公认的劳工权利的目标相一致，双方也应当力求避免采取类似措施，如果缔约一方认为另一方采取了类

---

① Joost Pauwelyn, The Role of Public International Law in the WTO: How Far Can We Go? 95 American Journal of International Law (2001), pp. 554-566.

② Siemens AG v. Argentina, ICSID Case No. AR B/ 02/ 8, Decision on Jurisdiction (3 August 2004), para. 81.

似的与劳工保护不一致的鼓励措施，可以要求与另一方就此问题进行磋商。"根据该条约的规定，各方应"努力确保"他们的投资行为不会损害国内的劳工法律。同时范本第16条规定："本条约不应当禁止通过以下途径赋予缔约方投资者或合格投资者更高待遇：1. 缔约一方的法律、法规、行政规章、行政或司法裁决；2. 国际条约规定；或 3. 缔约一方主要承担的义务，包括投资授权或投资协议中规定的内容。"此条约赋予投资者除条约基本义务之外的国际法律义务以及其他条约更优待遇条款优先。

（2）协定中缺乏冲突解决条款的处理办法

《维也纳条约法公约》第30条是对条约冲突习惯法编撰的重要成果，当缔约双方签订的条约中缺乏冲突解决条款时，可以适用《维也纳条约法公约》第30条的规定，该条重述了冲突条款和习惯法之间的关系，特别是当两者发生冲突时，两者之间有明确的主从之分、先后序位之分，在解决条约冲突的过程中，冲突条款起着主要作用，习惯法只是作为冲突条款的补充而存在。这种规定也是符合国际条约法中的两个通用原则，即司法效率原则和尊重当事国意思自治原则。

当主体面对所要承担的几个相冲突的法律义务时，就需要对规定主体义务的法律规范的效力等级进行分析，以确定应该优先适用哪一项法律规范，以及要优先履行哪一法律规范所规定的法律义务，并可以此为依据免除违反另一法律义务的法律责任。在国际投资仲裁案件中，涉及东道国对国内居民的权利保护义务，即非投资国际义务与国家承担的国际投资条约义务的冲突。在解决这一冲突时，国家能否以其非投资国际义务的存在来对抗其国际投资条约义务？国家违反了投资条约义务能否需要承担国际法律责任？

传统的国际法渊源包括：条约、习惯以及一般法律原则。一般认为，国际法渊源之间没有固有的等级，因此，在这三者之间，并没有先后适用的规定，也没有优先等级次序之分。虽然如此，汉斯·凯尔森指出，法律秩序是由不同层次等级的法律规范所组成，并不是由一种并列的、同等层次的法律规范所组成。基于此，从国际法规则的效力看，还是有所区别的，就所规定的内容来看，在效力上优先于投资条约的国际法规则包括以下三种：

首先是国际强行法规则（jus cogens）。国际强行法是由国际社会成员以明示或默示的方式接受或者承认的的特殊原则和规范的总称，在国际法上对所有的成员国具有普遍法律拘束力。这类原则和规范具有绝对强制性，在国际法规则中的效力优先，任何条约或行为如与之相抵触，则归于无效，并且国际强行法规则不得随意更改，除非有同等性质的国际法之强行规则不得予以更改。

其次是《联合国宪章》下国家所承担的国际义务。《联合国宪章》第 103 条规定："联合国会员国在本宪章下之义务与其依任何其他国际协定所负之义务有冲突时，其在本宪章下之义务应居优先。"主权国家作为国际社会的一员，《联合国宪章》下所规定的国际义务，往往是有关国家在维护世界和平方面应尽的义务，在效力方面要优先于国家的国际条约义务，即使《联合国宪章》下规定的国家义务并不涉及国际强行法规则，也不例外。这里的案例是"洛克比案"，其中就涉及《联合国宪章》第 25 条与 1971 年《打击针对民用航空器安全的非法行为的蒙特利尔公约》之间的关系问题，国际法院认为，成员国在《联国合宪章》下的义务要优先履行，利比亚和英国已经加入了联合国，作为联合国的成员，它们的行为受到《联合国宪章》第 103 条的约束，《联合国宪章》下的国家义务具有强制性，必须得到遵守，此义务在效力上优先于国家在任何国际条约下的义务，《蒙特利尔公约》下的条约义务也不例外，因此，利比亚和英国也要接受和执行安理会作出的决定。《联合国宪章》的这一规定反映了国际法所追求的最基本价值——和平秩序，因此《联合国宪章》规定的国家义务具有这种优先的地位，它也是国际社会实现和谐合作、远离战争的基本国际法律文件。

总之，国家的非投资条约义务与条约义务并不是对立的，仲裁庭在仲裁时，要注意遵守权利义务的一致性，并可以通过适用有关国际法规则使非投资国际义务在国际仲裁中得到合理适用，特别是国际强行法上的劳工权保护义务，以解决、协调国家的投资条约义务和非投资国际义务的冲突，平衡东道国的劳工管理权与外国投资者财产利益保护之间的权利义务关系。在国际仲裁庭适用国际法规则的最根本的理由是国际投资法律本身并不是创建于法律的真空中，难以构成自足的法律体系，而是处在国际法的系统中。

参 考 文 献

（一）中文著作

1. ［英］劳特派特修订：《奥本海国际法》（上卷，第一分册），商务印书馆1971年版。

2. ［英］凯瑟琳·巴纳德著：《欧盟劳动法》（第二版），付欣译，中国法制出版社2005年版。

3. ［德］W. 杜茨：《劳动法》（2003年第5版），张国文译，法律出版社2005年版。

4. ［奥］诺瓦克著：《〈公民权利和政治权利国际公约〉评注》（修订第二版），孙世彦、毕小青译，生活·读书·新知三联书店2008年版。

5. 姚梅镇主编：《比较投资法》，武汉大学出版社1993年版。

6. 姚梅镇著：《国际投资法》（第三版），武汉大学出版社2011年版。

7. 余劲松主编：《国际投资法》（第三版），法律出版社2007年版。

8. 余劲松著：《跨国公司法律问题专论》，法律出版社2008年版

9. 余劲松、吴志攀主编：《国际经济法》，北京大学出版社、高等教育出版社2005年版。

10. 张庆麟主编：《国际投资法问题专论》，武汉大学出版社2007年版。

11. 刘笋著：《国际投资保护的国际法制——若干重要法律问题研究》，法律出版社2002年版。

12. 石美遐著：《全球化背景下的国际劳工标准与劳动法研

究》，中国劳动社会保障出版社 2005 年版。

13. 李雪平著：《多边贸易自由化与国际劳工权益保护——法律与政策分析》，武汉大学出版社 2007 年版。

14. 张新国等著：《劳工标准问题研究》，经济管理出版社 2010 年版。

15. 关今华主编：《基本人权保护与法律实践》，厦门大学出版社 2003 年版。

16. 谷盛开著：《国际人权法：美洲区域的理论与实践》，山东人民出版社 2007 年版。

17. 杨宇冠著：《人权法——〈公民权利和政治权利国际公约〉》，中国人民公安大学出版社 2003 年版。

18. 安增科著：《国际劳工标准问题与中国劳资关系调节机制创新研究》，中国社会科学出版社 2010 年版。

19. 金成华著：《国际投资立法发展现状与展望》，中国法制出版社 2009 年版。

20. 杨成铭著：《人权保护区域化的尝试：欧洲人权机构的视角》，中国法制出版社 2000 年版。

21. 杜晓郁著：《全球化背景下的国际劳工标准分析》，中国社会科学出版社 2007 年版。

22. 林燕玲著：《国际劳工标准》，中国劳动社会保障出版社 2007 年版。

23. 佘云霞著：《国际劳工标准：演变与争议》，社会科学文献出版社 2006 年版。

24. 李春林著：《国际法上的贸易与人权问题研究》，武汉大学出版社 2007 年版。

25. 黄金荣主编：《〈经济、社会、文化权利国际公约〉国内实施读本》，北京大学出版社 2011 年版。

26. 刘连泰著：《国际人权宪章与我国宪法的比较研究——以文本为中心》，法律出版社 2006 年版。

27. 章昌裕著：《国际投资实务》，中国商务出版社 2006 年版。

28. 张爱宁著：《国际人权法专论》，法律出版社 2006 年版。

29. 蔡高强等著：《人权国际保护与国内实践研究》，法律出版社 2007 年版。

30. 刘敬东著：《人权与 WTO 法律制度》，社会科学文献出版社 2010 年版。

31. 詹朋朋著：《国际劳务关系法律适用问题研究》，法律出版社 2011 年版。

32. 程立显著：《伦理学与社会公正》，北京大学出版社 2002 年版。

（二）中文论文

1. 张庆麟：《外商投资国民待遇若干问题之辨析》，载《法学评论》1998 年第 1 期。

2. 余劲松：《外资的公平与公正待遇问题研究——由〈北美自由贸易协定〉（NAFTA）的实践产生的几点思考》，载《法商研究》2003 年第 5 期。

3. 余劲松、詹晓宁：《国际投资协定的近期发展及对中国的影响》，载《法学家》2006 年第 3 期。

4. 刘笋：《从 MAI 看综合性国际投资多边立法的困境和出路》，载《中国法学》2001 年第 5 期。

5. 刘笋：《WTO 框架下的多边投资协议问题述评》，载《中国法学》2003 年第 2 期。

6. 刘笋：《国际法的人本化趋势与国际投资法的革新》，载《法学研究》2011 年第 4 期。

7. 张光：《论双边投资条约的公益化革新》，载《当代法学》，2013 年第 5 期。

8. 曾令良：《现代国际法的人本化发展趋势》，载《中国社会科学》2007 年第 1 期。

9. 张辉：《美国国际投资法理论与实践的晚近发展——浅析美国双边投资条约 2004 年范本》，载《法学评论》2009 年第 2 期。

10. 詹晓宁、葛顺奇：《国际投资协定中的非歧视原则问题》，载《国际经济合作》2003 年第 3 期。

11. 叶兴平：《〈北美自由贸易协定〉的投资规则及其对多边国

际投资立法的影响》，载《国际经济法论丛》第 6 卷，法律出版社 2002 年版。

12. 陈辉萍：《〈多边投资协定〉与国际投资自由化》，载《国际经济法论丛》第 3 卷，法律出版社 2000 年版。

13. 徐崇利：《双边投资条约的晚近发展评述》，载《国际经济法论丛》第 5 卷，法律出版社 2001 年版。

14. 杨卫东：《论作为国际投资法渊源的双边条约》，载《国际经济法论丛》第 5 卷，法律出版社 2001 年版。

15. 曾令良：《论 WTO 体制下区域贸易安排的法律地位与发展趋势》，载《国际经济法论丛》第 7 卷，法律出版社 2003 年版。

16. 左海聪：《发展中国家和中国在多哈回合的谈判目标和策略展望》，载《国际经济法论丛》第 10 卷，法律出版社 2004 年版。

17. 魏艳如：《ICSID 仲裁撤销制度价值定位研究》，载《国际经济法学刊》第 12 卷第 1 期，北京大学出版社 2005 年版。

18. 陈辉萍：《ICSID 仲裁裁决承认与执行机制的实践检视及其对中国的启示》，载《国际经济法学刊》第 18 卷第 2 期，北京大学出版社 2011 年版。

19. Benedict Kingsbury & Stephan Schill：《作为治理形式的国际投资仲裁：公平与公正待遇、比例原则与新兴的全球经济法》，李书健、袁屹峰译校，载《国际经济法学刊》第 18 卷第 2 期，北京大学出版社 2011 年版。

20. 李磊：《经济全球化背景下的国际劳工标准——工会的视角》，载《劳动关系》2009 年第 2 期。

21. 李雪平：《论经济全球化背景下国际劳工权益保护监督机制》，载《武大国际法评论》，2005 年第 1 期。

22. 李雪平：《企业的社会责任与劳工的权益保护——国际法视角》，载《广西师范大学学报》，2005 年第 7 期。

23. 边永民、祁雪冻：《论我国自由贸易区谈判中的环境和劳工保护问题》，载《国际商务（对外经济贸易大学学报）》2009 年第 1 期。

24. 高燕艳：《中国—东盟投资自由化进程中的国民待遇问题探析》，载《广西政法管理干部学院学报》第 25 卷第 5 期，2010 年 9 月。

25. 沈薇：《国际投资自由化与中国经济发展关系研究》，载《对外经贸》2012 年第 2 期。

26. 李凤琴：《国际投资仲裁中的人权保护》，载《政法论丛》2010 年第 1 期。

27. 梁丹妮： 《国际投资条约最惠国待遇条款适用问题研究——以"伊佳兰公司诉中国案"为中心的分析》，载《法商研究》2012 年第 2 期。

28. 何志鹏：《人的回归：个人国际法上地位之审视》，载《法学评论》2006 年第 3 期。

（三）学位论文

1. 杨羽：《国际投资中劳工权保护问题研究》，复旦大学 2009 年硕士论文。

2. 肖蓓：《企业并购中劳动者劳动权保护法律问题研究》，华中师范大学 2010 年博士论文。

3. 魏卿：《国际投资规制的若干法律问题研究》，华东政法大学 2005 年博士论文。

4. 朱征军：《中国企业海外并购中的劳工问题探议》，山东大学 2008 年硕士论文。

5. 韩婷：《上汽并购双龙汽车案例探析》，东北财经大学 2007 年硕士论文。

6. 孙岩：《中国企业跨国经营的政治风险管理研究》，上海外国语大学 2008 年硕士论文。

7. 欧婧：《国际劳工标准问题研究——以 ILO 和 WTO 为视角》，外交学院 2010 年硕士论文。

（四）英文著作

1. Pierre-Marie Dupuy, Ernst-Ulrich Petersmann, and Francesco Francioni, Human Rights in International Investment Law and Arbitration, Published to Oxford Scholarship Online：February 2010.

2. Shyami Fernando Puvimanasinghe, Foreign Investment, Human Rights and the Environment—A PersPeetive from South Asia on the role of Public International Law for Development. Koninklijke Brill NV, 2007.

3. Robert J. Flanagan and William B, International Labor Standar Globalization, Trade, and Public Poliey, Gould v. Palo Alto: Stanford University Press, 2003.

4. James A. Gross, Workers' Rights as Human Rights, Ithaca: Cornell University Press, 2003.

5. Peter Muehlinski, Federieo Ortino and Christoph Sehreuer, The Oxford Handbook of International Investment Law, Oxford University Press, 2008.

6. Jan Huner, Lessons from the Multilateral Agreement on Investment: A View from the Negotiating Table, in Trade, Investment and the Environment, edited by Hilina Ward and Duncan Brack, Earthscan Publications Ltd., London, 2000.

7. M. Sornarajah, The International Law on Foreign Investment, Cambridge University Press, 1994.

（五）英文论文

1. Marc Jacob, International Investment Agreements and Human Rights, Human Rights, Corporate Responsibility And Sustainable Development, 3, 2010.

2. Howard Mann, International Investment Agreements, Business and Human Rights: Key Issues and Opportunities, Report of International Institute for Sustainable Development, 2008, http://www. iisd. org.

3. James D. Fry, International Human Rights Law in Investment Arbitration: Evidence of International Law's Unity, 18 Duke J. Comp. & Int'I L, 2007.

4. Timothy A. Canova, International Law Confronts the Global Eeon Labor Rights, Human Rights and Demoeraey in Distress,

ChaPman Review, Vol. 8, 2005.

5. James Salzman, Labor Rights, Globalization and Institutions: The Role of Influence of the Organization for Economic Coorperation and Development, 21 Mich. J. Int'IL, 2000.

6. David M. Trubek and Lance Compa, Trade Law, Labor and Global Inequality, University of Wisconsin Law School, 2005.

7. D Kucera, The Effects of Core Workers Rights on Labour Costs and Foreign Direct Investment: Evaluating the "Conventional Wisdom", 2001.

8. Ritash Sarna, The Impact of Core Labor Standards on Foreign Investment, 2005.

9. Steve R. Ratner, Corporations and Human Rights: A Theory of Legal Responsibility, 111Yale L. J. , 2001.

10. Kristina Herrmann, Corporate Social Responsibility and Sustainable Development: The European Union Initiative as a Case Study, 11 Ind. J. of Global Legal Stud. , 2004.

11. Shyami Fernando Puvimanasinghe, Foreign Investment, Human Rights and the Environment—A Perspective from South Asia on the Role of Public International Law for Development, 2007.

12. Timothy A. Canova, International Law Confronts the Global Economy: Labor Rights, Human Rights, and Democracy in Distress. Chapman Law Review, 2005.

13. B. Stephens, The Amorality of Profit: Transnational Corporations and Human Rights, 20Berkeley J. Int'L, 2002.

14. Dana C. Nicholas, China's Labor Enforcement Crisis: International Intervention and Corporate Social Responsibility. Scholar: St. Mary's Law Review on Minority Issues, 2009.

15. Alice de Jonge, Global Economic Forces and Individual Labor Rights: An Uneasy Coexistence, Human Rights & Human Welfare, 2004.

16. Jan Wouters&Leen Chanet, Corporate Human Rights

Responsibility: A European Perspective, 6 Nw. U. J. Int'L Hum. Rts, 2008.

17. David Kinley &Junko Tadaki, Talk to Walk: The Emergence of Human Rights Responsibilities for Corporation at Internatinal Law, 44Va. J. , 2003-2004.

18. Sorcha MacLeod, Reconciling Regulatory Approaches to Corporate Social Responsibility: The European Union, OECD and United Nations Compared, 13 European Public Law, 2007.

19. Christian Daude, Jacqueline Mazza, Andrew Morrison, Core Labor Standards and Foreign Direct Investment in Latin America and the Caribbean: Does Lax Enforcement of Labor Standards Attract Investors? 2003.

20. Aaron Bernstein, Incorporating Labour and Human Rights Risk into Investment Decision. Labor and Worklife Program, 2008.

21. Andrew Newcombe, Lluís Paradell, Law and Practice of Investment Treaties: Standards of Treatment, 2009.

22. Thomas J Westcott, Recent Practice on Fair and Equitable Treatment, The Journal of World Investment & Trade, 2007.

23. Andrea Shemberg. Stabilization Clauses and Human Rights, IFC/SRSG Research Paper, 2008.

24. United Nations, Selected Recent Developments in IIA Arbitration and Human Rights, http: //www. unctad. org/en/docs/webdiaeia20097_ en. pdf, 2011.

25. Ursula Kriebaum, Human Rights of the Population of the Host State in International Investment Arbitration, The Journal of World Investment & Trade, 2009.

26. Hugo Perezcano Diaz, Transparency in International Dispute Settlement Proceedings on Trade and Investment, Appeals Mechanism in International Investment Disputes, 2008.

27. Rafael Leal-Arcas, Towards the Multilateralization of International Investment Law, The Journal of World Investment &

Trade，2009.

28. Mariel Dimsey，The Resolution of International Investment Disputes：Challenges and Solutions，2008.

29. Christian J Tams，Is There A Need for an ICSID Appellate Structure？ The International Convention on the Settlement of Investment Disputes（ICSID）Taking Stock after 40 Years，2007.

（六）相关网址

1. 中国人权：http：//www. humanrights-china. org/cn/index. htm.

2. 联合国贸发会议：http：//www. unctad. org.

3. 中国商务部：http：//www. mofcom. gov. cn.

4. 国际劳工组织：http：//www. ilo. org /global/iong-en/ index. htm.

5. 经济发展和合作组织：http：//www. oecd. org/maintopic. html.

6. 欧盟：http：//europa. eu. int/comm/trade/sia/background. htm.

致　　谢

　　这本专著是在我的博士论文基础上修改而成的。于我而言，能够顺利完成博士阶段的学习，需要感谢的人很多。回顾读博这几年，我之所以能够坚持下来，最应该感谢的人就是我的导师张庆麟教授。

　　张老师的帮助、启发以及严格要求，对我论文的形成、思维的发展，都起到了无可替代的作用。读博士五年，在张老师的指导下，我不仅学到了国际经济法前沿的理论知识，更是学会了研究问题、撰写学术论文的方法。当我为选题而苦闷的时候，张老师总是给我适时的鼓励与指导，让我豁然开朗；在撰写毕业论文的过程中，从论文的总体框架到论述过程，从每一个字甚至到每一个标点符号，张老师都给予我悉心指导。更让我难忘的是，针对我论文较薄弱的部分，张老师还亲自帮我查找相关资料，以帮助我理清思路。正是有了张老师的鼓励与耐心指导，我才能克服各种困难，坚持完成博士论文。张老师严谨的治学态度是我终生学习的楷模。从他这里我慢慢的认识到，在做学问的道路上，必须要保持一颗平常心，要有所为，有所不为。而如何精炼、准确地表达自己的所思所想，写出好的文字，张老师也是我毕生学习的榜样。张老师对我的影响是深刻而重要的，甚至将是贯穿一生的。

　　在我攻读博士的生涯中，法学院的其他老师也给我提供了极为重要的帮助，从他们身上我同样学到了很多东西。张湘兰老师鼓励的话语总像一盏明灯，指引我勇往直前；李仁真老师干练的工作作风影响了我，让我在读博的路上信心倍增；聂建强老师谦虚的治学态度也让我受益匪浅；漆彤老师是我的良师益友，他在我最困难的时候给予我的鼓励与无私帮助，我将终生难忘。

　　还要感谢我亲爱的同窗好友刘凡、曾婷婷，很荣幸在读博士期间认识你们并有缘成为同学，一路走来，我们互相支持、相互鼓励，谢谢你们给予我的无私帮助！最后要感谢我的家人，正是有了他们的无私奉献与支持，我才能专注于学业，顺利完成博士论文。

　　"路漫漫其修远兮，吾将上下而求索"，做学问的道路是漫长的，有了你们的鼓励，我将砥砺前行。

孙玉凤

2019 年 12 月